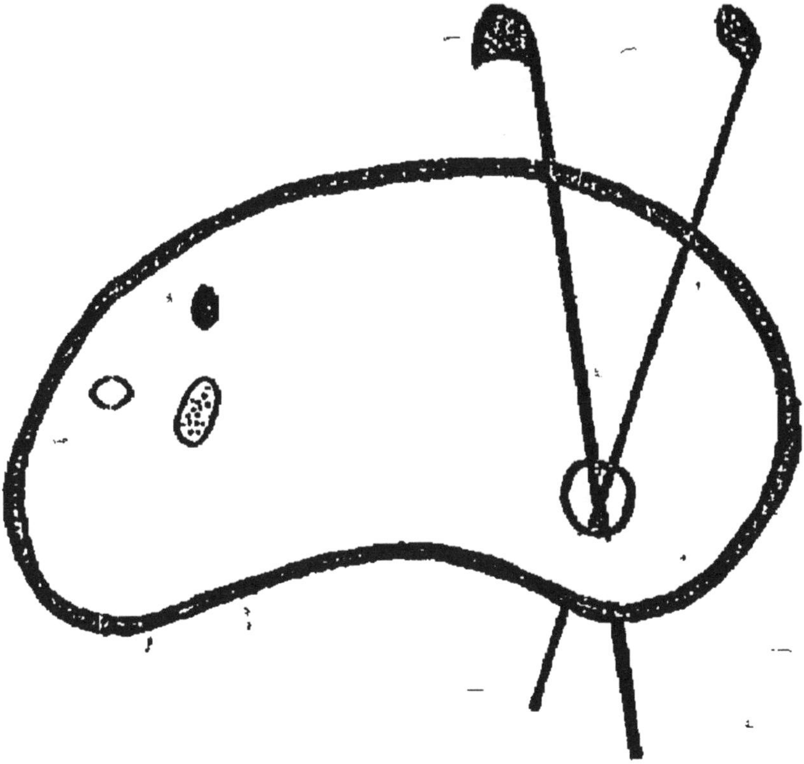

ÉCONOMIE SOCIALE

Dr Jacques Bertillon
Chef des travaux statistiques
de la Ville de Paris

L'Alcoolisme

et les moyens de le combattre jugés par l'expérience

VICTOR LECOFFRE

MÊME LIBRAIRIE

BIBLIOTHÈQUE D'ÉCONOMIE SOCIALE

publiée sous la direction de M. HENRI JOLY, de l'Institut

Président de la Société d'Économie sociale.

VOLUMES PARUS :

L'Alcoolisme et les moyens de le combattre jugés par l'expérience, par le Docteur JACQUES BERTILLON.

L'Enfance coupable, par M. HENRI JOLY.

La Coopération, par M. P. HUBERT-VALLEROUX, avocat à la Cour d'Appel de Paris.

Cartells et Trusts, par M. E. MARTIN SAINT-LÉON. *Deuxième édition.*

Les Grèves, par M. LÉON DE SEILHAC.

Mendiants et vagabonds, par M. LOUIS RIVIÈRE. *Deuxième édition.*

La Population, par M. DES CILLEULS, membre du comité des travaux historiques et scientifiques. *Deuxième édition.*

La Petite Industrie contemporaine, par M. VICTOR BRANTS, de l'Académie royale de Belgique, professeur à l'Université de Louvain. *Deuxième édition.*

Chaque volume in-12. Prix : 2 fr.

Le Monde Socialiste : *Les partis socialistes politiques, les Congrès socialistes politiques, les diverses formules du collectivisme,* par M. LÉON DE SEILHAC. 1 vol. in-12 . . . 3 fr. 50

A la Recherche de l'éducation correctionnelle à travers l'Europe, par M. HENRI JOLY. *Nouvelle Édition.* 1 vol. in-12 . . . . 3 fr. 50

Les Associations Agricoles en Belgique, par MAX TURMANN, docteur ès sciences politiques et économiques, professeur au collège libre des sciences sociales. 1 vol. in-12 de VI-434 pages . . . . 3 fr. 50

La Crise sociale, par M. GEORGE FONSEGRIVE. 1 fort vol. in-12 . . . . 4 fr.

Écoles d'Infirmières et de Gardes-Malades, par M. LOUIS RIVIÈRE. Un vol. in-18 raisin . . . . . 1 fr. 25

La Situation économique comparée de la France et de l'étranger, par M. GEORGES BLONDEL. Une brochure in-12 . . . . 0 fr. 40

Typographie Firmin-Didot et Cie. — Mesnil (Eure).

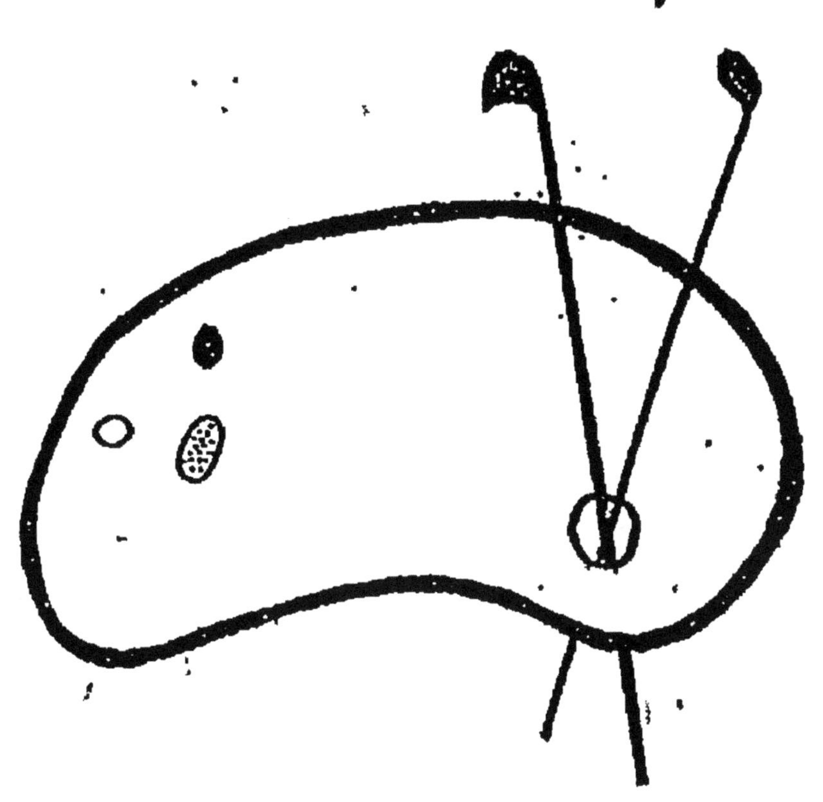

FIN D'UNE SERIE DE DOCUMENTS
EN COULEUR

L'Alcoolisme

et les moyens de le combattre

Bibliothèque d'Économie sociale

Publiée sous la direction de *M. HENRI JOLY, de l'Institut*

PRÉSIDENT DE LA SOCIÉTÉ D'ÉCONOMIE SOCIALE

VOLUMES PARUS :

L'Alcoolisme et les moyens de le combattre, jugés par l'expérience, par le Dr JACQUES BERTILLON, chef des travaux statistiques de la ville de Paris.

L'Enfance coupable, par M. HENRI JOLY.

La Coopération, par M. P. HUBERT-VALLEROUX, avocat à la Cour d'appel de Paris.

Cartells et trusts, par M. Et. MARTIN SAINT-LÉON. *Deuxième édition.*

Les Grèves, par M. LÉON DE SEILHAC.

Mendiants et Vagabonds, par M. LOUIS RIVIÈRE, vice-président de la Société d'Economie sociale. *Deuxième édition.*

La Population, par M. DES CILLEULS, membre du Comité des travaux historiques et scientifiques. *Deuxième édition.*

La Petite Industrie contemporaine, par M. VICTOR BRANTS, de l'Académie royale de Belgique, professeur à l'Université de Louvain. *Deuxième édition.*

Chaque volume in-12. Prix : 2 fr.

EN PRÉPARATION :

Les Habitations à bon marché, par M. CHEYSSON, de l'Institut, professeur d'économie industrielle à l'École des mines.

Corporations et Syndicats, par M. FAGNIEZ, de l'Institut.

La Réglementation du travail, par M. BÉCHAUX, correspondant de l'Institut.

L'Enseignement populaire, par M. A. DÉLAIRE, secrétaire général de la Société d'économie sociale.

L'Apprentissage et l'Enseignement professionnel, par M. MAX TURMANN, professeur au Collège libre des Sciences sociales.

La Vie communale, par M. ETCHEVERRY, ancien député.

La Paroisse et ses œuvres, par M. l'abbé LESÊTRE, curé de Saint-Etienne du Mont.

L'Assurance sur la Vie, par M. ÉT. ISABELLE, ancien élève de l'Ecole polytechnique.

Les Assurances industrielles, par M. ALBERT GIGOT, ancien préfet de police.

La Réforme administrative, par M. AUBURTIN, maître des requêtes honoraire au Conseil d'Etat.

La Famille, par M. A. MASCAREL, ancien magistrat.

L'Héritage et le régime des successions, par M. A. SALEILLES, professeur à la Faculté de droit de Paris.

Les Populations rurales, par M. G. BLONDEL, professeur à l'Ecole des Hautes Etudes commerciales.

Le Salaire, par M. M. DUFOURMANTELLE, maître de conférences à la Faculté de droit de Paris

L'Industrie des transports, chemins de fer et canaux, par M. LORDIER, inspecteur des Chemins de fer de l'Ouest.

Les Grands magasins, par M. URBAIN GUÉRIN.

Emigration et colonisation, par le R. P. S. PIOLET.

Les Caisses d'épargne, par M. LEPELLETIER, professeur à l'Institut catholique de Paris.

La Vie nationale, par M. CHARLES BENOIST.

L'Armée, par M. le colonel LYAUTEY.

La Vie internationale, par M. VAN DER SMISSEN, président de la Société belge d'Economie sociale.

TYPOGRAPHIE FIRMIN-DIDOT ET Cie. — MESNIL (EURE).

L'Alcoolisme

et les moyens de le combattre

jugés par l'expérience

PAR

Le Dr JACQUES BERTILLON

CHEF DES TRAVAUX STATISTIQUES DE LA VILLE DE PARIS

Si l'État ne se hâte pas de devenir le maître du trafic des liqueurs, le trafic des liqueurs deviendra maître de l'État.

LORD ROSEBERRY.

PARIS
LIBRAIRIE VICTOR LECOFFRE
RUE BONAPARTE, 90

1904

L'ALCOOLISME

ET LES MOYENS DE LE COMBATTRE

JUGÉS PAR L'EXPÉRIENCE

PREMIÈRE PARTIE

DE LA CONSOMMATION DE L'ALCOOL DANS LES PRINCIPAUX PAYS DE L'EUROPE

De tous les problèmes politiques et sociaux agités à notre époque, il en est deux qui devraient, avant tous les autres, attirer l'attention de l'homme d'État français (et le laissent d'ailleurs bien indifférent). Ces deux problèmes sont :

1° L'abaissement de la natalité, qui compromet l'existence même de la nation ;

2° L'extension de l'alcoolisme, qui compromet la qualité et la valeur de ses habitants.

Ainsi le *nombre* des Français est insuffisant et tend à devenir moindre ; et leur *valeur* devient moindre. Peut-on dire pis en moins de mots ?

Ces deux maux sont spéciaux à la France, car :

1° La France est le *seul* pays au monde où le nombre de naissances égale à peine le nombre des décès ;

2° La France est, semble-t-il, le pays où l'on boit

le plus d'alcool [1], et elle est *assurément* celui où l'alcoolisme fait le plus de progrès.

Dying nation! « Nation mourante », c'est ainsi que l'étranger, toujours malveillant, caractérise notre pays aux États-Unis, en Angleterre, et, à plus forte raison, en Allemagne. Ces mots constituent, à bien des égards, une calomnie. Certes, la France est encore une très grande nation. Jamais les sciences, jamais les arts, jamais les lettres n'y ont brillé d'un plus vif éclat. Sous le rapport intellectuel, notre pays reste digne de son glorieux passé et il serait absurde, à ce point de vue, de le traiter de *dying nation.*

Mais combien de faits justifient, jusqu'à un certain point, cette cruelle parole! *Faute de bras* et de consommateurs, notre agriculture subit une crise dont elle ne se relèvera pas, et elle ne se soutient que grâce à une protection abusive qu'on ne pourra pas lui assurer indéfiniment. *Faute de bras,* notre industrie supporte avec peine le fardeau que cette protection lui impose; sans l'afflux des ouvriers étrangers, elle ne subsisterait pas dans le nord, la partie la plus industrielle de la France, et elle ne prend pas le développement qu'elle a conquis en Angleterre, ni celui qu'on lui voit prendre aux États-Unis, en Allemagne, en Autriche, en Russie, et ailleurs.

Faute de bras, la France n'a pris qu'une part insuffisante à la colonisation des contrées neuves.

Ainsi, au point de vue matériel, la France ne prend pas l'essor que l'on aurait pu attendre d'un si grand et si beau pays.

1. Cette proposition est, à notre avis, fausse, et nous commençons par la rectifier un peu plus loin. Elle résulte pourtant des chiffres et elle est couramment admise.

La supériorité intellectuelle lui reste, avons-nous dit! Lui demeurera-t-elle? Déjà les savants, les littérateurs, les artistes reçoivent à l'étranger des subsides qu'ils ne peuvent espérer en France.

Ainsi nous avions raison de le dire : il y a, en France, deux questions vitales : la dépopulation et l'alcoolisme.

Ces deux fléaux n'ont ensemble *aucune connexion*. On dit couramment le contraire. On a tort, à mon humble avis. Ils n'ont qu'un point de commun : c'est d'être l'un et l'autre d'une importance majeure.

J'ai déjà traité le premier de ces deux sujets [1]. Je veux, dans ce petit livre, éclairer l'autre aux lumières de la statistique.

Fixons d'abord la gravité du mal par quelques chiffres.

Le tableau suivant contient les données les plus générales; il est emprunté à un statisticien suédois très distingué, M. Sundbärg, dont les chiffres, laborieusement colligés, sont dignes de foi :

Nombre de litres d'alcool absolu consommés en un an par un habitant, soit sous forme d'eau-de-vie, soit sous forme de bière, soit sous forme de vin (1891-1895) [2] :

Suède	4.43
Norvège	2.66
Danemark	10.87
Finlande	1.84
Iles Britanniques	8.17
Pays-Bas	6.30
Belgique	12.58

1. Le *Problème de la dépopulation* (librairie Colin, rue Mézières; 1 fr.). Voir d'ailleurs le *Bulletin de l'Alliance nationale pour l'accroissement de la population française*, 26, avenue Marceau.

2. L'auteur prévient que, pour construire ce tableau, il a admis que le vin contenait 10 p. 100 et la bière 4 p. 100 d'alcool.

Allemagne	9.25
Autriche-Hongrie	7.99
Suisse	10.73
France	15.87
Italie	10.30
Espagne	12.05
Portugal	10.10
Russie	5.21 (approxim.)
Roumanie	9.74 (approxim.)
Serbie	8.46 (approxim.)
Moyennes générales — Europe occidentale	10.39
— orientale	6.29
— entière	8.83
États-Unis	5.81

Dans ce tableau on est douloureusement surpris de voir la France présenter le chiffre de beaucoup le plus élevé [1]. Mais la surprise augmente lorsqu'on voit l'Espagne, l'Italie, le Portugal, pays justement célèbres par leur sobriété, classés presque immédiatement avant la France et avec des chiffres sensiblement plus élevés que les Iles Britanniques (Irlande incluse) par exemple, qui ne jouissent pas de la même réputation. Évidemment ces chiffres peuvent être exacts, mais cependant ils nous trompent faute d'interprétation raisonnée; le moindre voyage en Espagne ou en Italie suffit pour se convaincre que l'ivrognerie y est très rare.

Commençons donc par les analyser. Le tableau qui suit fait connaître sous quelle forme l'alcool consommé a été absorbé :

1. Encore est-il au-dessous de la vérité. M. Sundbärg n'a tenu aucun compte de la consommation du cidre, boisson aussi alcoolique que la bière et d'usage général, comme on sait, en Normandie, en Bretagne et dans quelques autres régions. Il a tenu compte de la consommation des bouilleurs de cru, mais non pas de la fraude qui leur est pourtant si facile.

Nombre de litres d'eau-de-vie (ramené par le calcul à 50 p. 100 d'alcool), de bière et de vin absorbés en un an par un habitant (1891-1895) :

PAYS		EAU-DE-VIE.	BIÈRE.	VIN.
Suède		6.86	26.0	0.6
Norvège		3.54	20.1	0.9
Danemark		14.40	87.7	1.6
Finlande		2.86	8.0	0.6
Iles Britanniques		5.20	135.0	1.7
Pays-Bas		9.40	34.6	2.2
Belgique		9.70	183.6	3.9
Allemagne		8.80	106.9	5.7
Autriche-Hongrie		9. »	32.9	22.1
Suisse		6.12	40.0	60.7
France		8.54	22.5	107.0
Italie		1.25	0.6	96.5
Espagne		1.00	1.3	115.0
Portugal		1.00	1.0	95.6
Russie		9.40	4.6	3.3
Roumanie		9.00	2.0	51.6
Serbie		9.00	4.1	38.0
Moyennes générales	Europe occidentle.	6.16	61.9	48.3
	— orientale	9.23	9.3	13.0
	— entière	7.33	41.0	34.0
États-Unis		5.95	64.6	1.5

Si nous considérons la première colonne de ce tableau (eau-de-vie seule), nous avons un classement des nations beaucoup plus conforme à ce qu'indique l'observation courante. L'Italie, l'Espagne et le Portugal ne boivent presque pas d'eau-de-vie, et la masse de l'alcool qui leur attribuait, dans le tableau précédent, un si mauvais rang, provient tout entière du vin. Le rang assigné à la France par cette première colonne n'est pas très favorable, mais il est beaucoup moins mauvais.

Faut-il donc faire abstraction de l'alcool contenu dans le vin? Faut-il le considérer comme innocent? Certes non, l'alcool est un poison sous toutes ses formes. Mais je pense qu'en saine statistique, il faut modifier, en ce qui le concerne, la manière de compter.

Je m'explique : cette moyenne générale, qui consiste à calculer la consommation des boissons alcooliques *par un habitant,* est en elle-même très vicieuse. Ce chiffre ne peut même pas porter le nom *moyenne* dans le sens où Quetelet prenait ce mot : ce n'est qu'un *average,* selon l'expression de Herschell, ou une *moyenne indice,* pour me servir de l'expression de mon père; ce n'est pas ce que ce dernier auteur appelait une *moyenne typique.* Pour avoir une expression réelle du degré d'alcoolisme d'un peuple, il faudrait savoir combien, parmi ses habitants, boivent en un an 1, 2, 3,... 30, etc., litres d'alcool par an. C'est alors seulement qu'on saurait combien de personnes font de l'alcool un usage nul ou modéré, et combien en font abus. Puisqu'une telle statistique est impossible, nous sommes bien forcés de nous contenter d'un *average* général, mais il faut nous en défier; nous pouvons d'ailleurs en tirer des conclusions raisonnables, mais à condition d'avoir sans cesse présents à l'esprit les dangers d'une telle méthode.

Or, quand nous calculons le nombre de litres d'eau-de-vie consommés par un habitant, nous calculons un rapport faux, car les femmes n'en boivent guère et les enfants en bas âge n'en boivent pas du tout. Ainsi il n'est pas vrai de dire que les 320.000 hectolitres d'eau-de-vie consommés en Suède, sont absorbés par 4.785.000 personnes (de tout âge et de tout sexe). Ils ne sont consommés que par 1.537.000 hommes de plus de quinze ans, ce qui fait pour chacun d'eux un average (beaucoup plus logique que le précédent) de 20 l. 8 par tête et par an. De même il n'est pas exact de dire que les 3.256.000 hectolitres d'eau-de-vie consommés en France sont consommés par 38.133.000 habitants; ils ne le sont que par 13.917.000 hommes de plus de quinze ans, ce qui attribue, en moyenne, à chacun d'eux 23 l. 3 par tête et par an.

De même encore dans les Pays-Bas, les 425.000 hectolitres d'eau-de-vie consommés n'ont pas été bus par 4.511.000 habitants, mais seulement par 1.430.000 hommes de plus de quinze ans, ce qui attribue en moyenne à chacun d'eux 31 l. 55 d'eau-de-vie par an.

Pour le vin et pour la bière, le raisonnement est tout autre, car les femmes et même les enfants en font usage. Ainsi, on peut pour ces deux boissons accepter sans trop protester les chiffres contenus dans le tableau.

En résumé, nous voyons que la France et les trois autres pays latins du Sud ne méritent pas la place désavantageuse que leur assigne le tableau 1. Ce qu'on doit déplorer pour la France, c'est que, quoique consommant beaucoup de vin, elle y joigne encore une notable consommation d'eau-de-vie; c'est un grand malheur pour elle, mais ce n'est pas un motif suffisant pour la faire passer pour la plus alcoolique de toutes les nations de l'Europe.

Un grand nombre d'auteurs se sont pourtant contentés de ce tableau sommaire et si évidemment trompeur. M.M. Rowntree et Sherwell et M. Mattei Helenius, pourtant si documentés, n'en citent pas d'autre, et répètent tout le long de leurs ouvrages que la France est le pays le plus alcoolique de la terre. Ils parlent moins de l'Italie et de l'Espagne à cause de l'absurdité d'une telle calomnie à leur égard.

Nombre de litres d'eau-de-vie (50 % d'alcool) consommés en un an, par tête d'habitant, dans divers pays, à diverses époques.

PAYS.	1831-40		1841-50		1851-60		1861-70	
	Dates exactes.	Litres.	Dates exactes.	Litres.	Dates exactes.	Litres.	Dates exactes.	Litres.
Iles Britanniques	1840	4.4	1850	4.7	1852	5.92	1861-70	4.75
					1857-60	5.2	1860-64	4.40
					1860	4.7	1865-69	5.20
Danemark								
	1833	16.00	1843	10	1851-60	5.9	1861-70	4.6
Norvège					1851-55	6.3	1860 64	4.4
					1856-60	5.5	1865-69	4.8
	1829	46.00	1850	22.00	1855-60	9.5	1861-70	9.74
	1830	54.3(?)			—	8.05	1861-65	10.60
Suède							1860-70	8.80
							1860-64	9.4
							1865-69	9.0
Russie d'Europe							1860-64	9.2
							1865-69	7.8
							1861-70	8.50
							1866-70	4.6
Finlande								
Autriche-Hongrie							1865-69	6.4
Suisse								
Allemagne								
Pays-Bas	1831	10	1841- 1842-45	8.3	1851- 54-55	7.3	1861- 65-70	7.7
	1833	11	1847	6				
	1831-40	6.9	1841-50	6.1	1851-60	6.2	1861-70	8.0
Belgique							1860-64	8.0
							1865 69	8.0
France						4.0		
		2.40		4.0				4.8
Portugal								
Espagne								
Italie								
Serbie								
Roumanie								

Nombre de litres d'eau-de-vie (50 % d'alcool) consommés en un an, par tête d'habitant, dans divers pays, à diverses époques.

PAYS.	1871-80		1881-90		1891-1900	
	Dates exactes.	Litres.	Dates exactes.	Litres.	Dates exactes.	Litres.
Iles Britanniques	1871-80	6.00	1881-90	5.12	1891-95	5.20
	—	6.10	......	......	1896-1900	4.83
	1870-74	6.00	1881-85	5.40	......	......
	1875 80	6.40	......	......	......	......
Danemark	1875 80	18.60	1881-90	15.70	1891-95	14.40
	......	......	1881-85	17.80	1896-1900	14.06
Norvège	1871-80	5.28	1871-80	3.23	1891-95	3.54
	1870-74	5.2	1881-85	4.30	1896-1900	2.80
	1875 80	6.4	......	......	......	......
Suède	1871-80	10.06	1881-90	7.50	1891-95	6.67
	1870-74	11.1	1881-85	7.8	1896 1900	8.04
	1875-80	11.0	......	......	......	......
	......	......	......	......	......	......
	......	......	......	......	......	......
Russie d'Europe	1871-80	8.40	1881-85	8.4	1891-95	9.40
	1870-74	8.80	......	......	......	......
	1875 80	8.00	......	......	......	......
Finlande	1871-80	5.15	1881-85	4.4	1891-95	2.86
	1870-74	4.60	......	......	......	......
	1875 80	6.60	......	......	......	......
Autriche-Hongrie	1871-80	7.40	1881-90	7.90	1891-95	9.00
	1870-74	7.8	1881-85	7.0	1896-1900	10.30
	1875 80	7.0	......	......	......	......
Suisse	......	......	1881-85	9.2	1891-95	6.12
	......	......	1885	8.6	1896 1900	4.95
	......	......	1889-90	6.1	......	......
Allemagne	1871-80	8.9	1881-90	8.40	1891-95	8 80
	......	......	......	......	1896-1900	8.68
Pays-Bas	1871-80	9.30	1881-90	9.19	1891-95	8.83
					1896-1900	8 34
	1870-74	8.20	1881-85	9.4	1891-95	9.70
	1875-80	9.80	......	......		
Belgique	1871-80	8.50	1881-90	8.9		
	1870-74	6.2	1881-85	9.4		
	1875 80	9.4	......	......		
	......	......	......	......	1896-1900	8.90
France	......	5.67	......	7.83	1891-95	8.54
	......	......	......	......	1896-1900	8.95
Portugal	......	......	......	......	1891-95	1.00
Espagne	......	......	......	......	1891-95	2.89
Italie	1871-80	0.95	1881-90	1.65	1891-95	1.25
	......	......	1881-85	1.80	1896-1900	1.43
Serbie	......	......	......	......	1891-95	9.00
Roumanie	......	......	......	......	1891-95	9.00

Nous voyons, par ce qui précède, que c'est surtout la consommation d'alcool sous forme d'eau-de-vie qui doit attirer notre attention. Voyons donc dans quels pays cette consommation a augmenté, dans quels pays elle a diminué. Le tableau des pages 8 et 9 nous en instruit [1].

1. Ce tableau est d'une rédaction très difficile, car il est très malaisé, notamment pour des périodes anciennes, de savoir la quantité d'eau-de-vie consommée dans la plupart des pays. Souvent, on ne peut procéder que par évaluation, au moyen du rendement de l'impôt.

Il est pourtant à noter que les calculs des divers auteurs sont assez concordants. Nous avons le devoir de les citer.

Nous avons déjà présenté à nos lecteurs M. Sundbärg, le savant et consciencieux actuaire du bureau statistique de Suède. M. Broch, savant mathématicien, professeur à l'Université de Christiania, auteur d'un ouvrage de premier ordre sur la statistique de la Norvège, ancien ministre de Norvège, mort en 1888 à Paris où il présidait depuis de longues années la Commission internationale du mètre, a publié dans le *Bulletin de l'Institut international de statistique*, une statistique des excitants modernes. MM. Rowntree et Sherwell sont les auteurs d'un excellent ouvrage : *The Temperance Problem and social Reform*. Nous empruntons beaucoup à un ouvrage du Bureau fédéral de statistique de Suisse intitulé *Lois et expériences concernant l'alcoolisme*. Nous citons encore M. H. W. Methorst, des Pays-Bas, et M. Denis, de Genève. On voit qu'en 1831-40, la France était parmi les nations les plus sobres ; elle participait du privilège dont jouissent à cet égard les pays latins.

Dans aucun pays la consommation de l'eau-de-vie n'a fait autant de progrès. Notre pays en est d'autant plus inexcusable qu'il produit le vin.

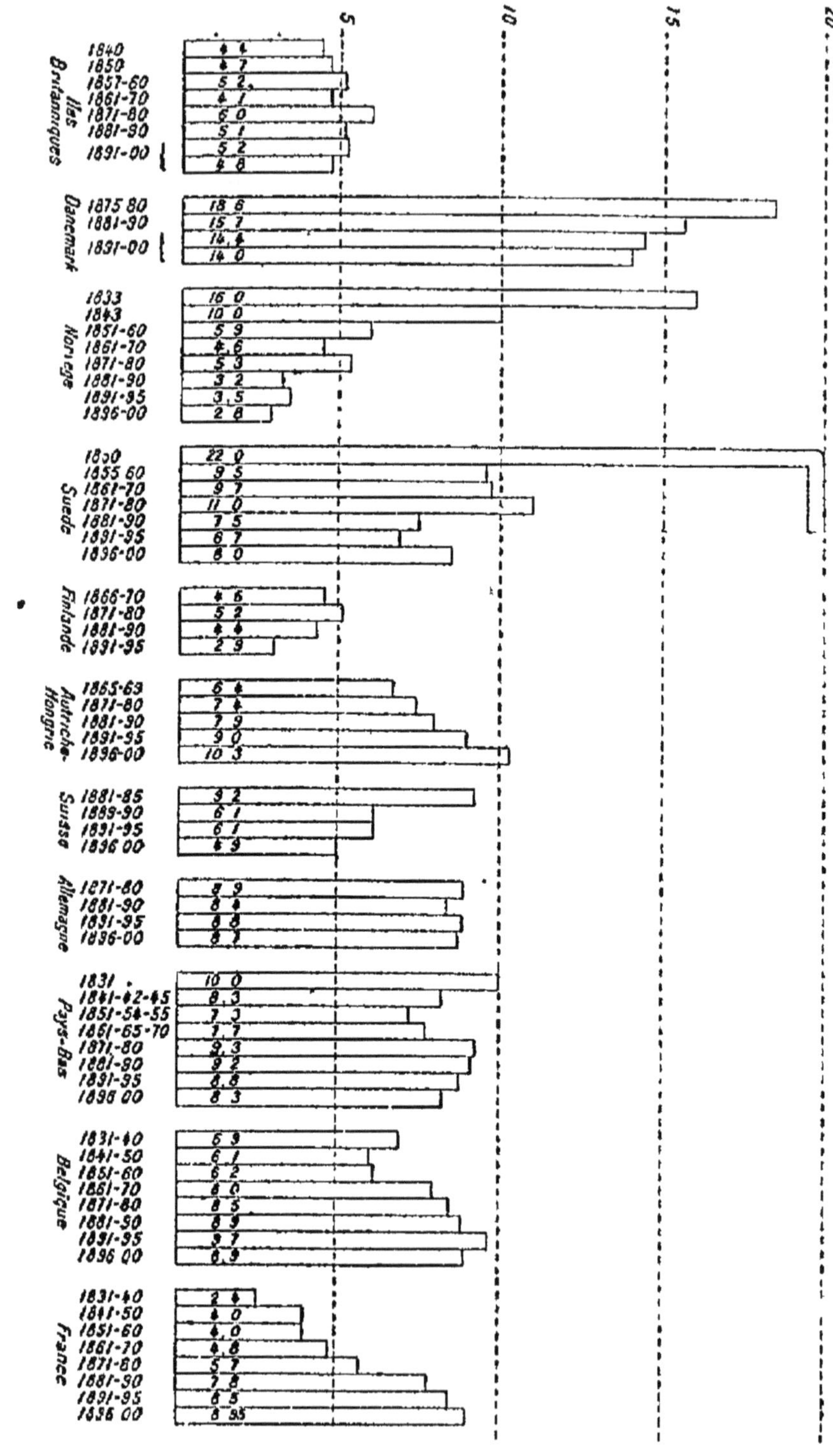

Nombre de litres d'eau-de-vie (50 % d'alcool) consommés en un an par tête d'habitant.

Nous complétons ce tableau par quelques données sur la consommation du vin et de la bière dans différents pays.

Consommation du vin et de la bière par tête et par an (litres).

PAYS.	VIN				BIÈRE			
	1871-80	1881-90	1891-95	1896-1900	1871-80	1881-90	1891-95	1896-1900
Iles Britanniques..	2.3	1.7	1.7	1.8	147.8	126.2	135.0	144.0
Danemark.........	1.4	1.2	1.6	1.7	30.0	57.0	87.7	97.4
Norvège...........	0.9	0.9	1.2	2.5	18.2	16.1	20.1	20.3
Suède.............	0.8	0.6	0.6	0.7	16.8	21.8	27.6	33.4
Russie............	—	—	3.3	3.7	—	3.8	4.6	5.1
Finlande...	—	—	0.6	0.7	—	—	8.8	—
Autriche-Hongrie..	22.4	22.1	14.2	14.7	32.6	31.1	39.2	45.0
Suisse............	—	60.7	60.7	74.2	—	32.3	51.9	68.0
Allemagne.........	4.8	5.7	5.7	6.2	79.4	93.8	109.6	122.6
Pays-Bas..........	2.6	2.2	2.0	1.8	34.3	33.9	34.6	—
Belgique..........	3.8	3.2	3.9	4.3	170.9	165.0	183.6	208.0
France............	102.0	94.1	112.3	112.2	20.2	21.8	22.8	25.4
Portugal..........	—	—	95.6	88.1	—	—	1.0	—
Espagne...........	—	115.0	86.1	103.0	—	1.3	1.3	—
Italie............	—	95.2	96.5	90.5	—	0.8	0.6	0.6
Grèce.............	—	—	109.5	—	—	—	3.3	—
Bulgarie..........	—	—	101.2	80.0	—	—	1.0	1.1
Serbie............	—	—	38.0	—	—	—	4.1	2.4
Roumanie..........	—	—	51.6	57.0	—	—	2.0	1.3

En France sur 8.807.320 hect. de bière consommés en 1895, par exemple, il y avait 4.987.480 hect. de bière forte et 3.867.787 hect. de petite bière qui n'est pas alcoolique.

De ces tableaux, le plus important, à coup sûr, est celui qui se rapporte à l'eau-de-vie. Nous y insisterons plus particulièrement :

C'est le plus important à considérer, disons-nous, et pourtant, théoriquement tout au moins, il est bien insuffisant.

Que lui demandons-nous exactement? C'est de nous dire dans quelle mesure les gens de tel ou tel pays font de l'alcool un abus dangereux. A cette question ce tableau ne nous donne pas de réponse, mais seulement une indication vague. Un exemple nous fera mieux comprendre.

Prenons le pays le plus terriblement consommateur d'alcool qui soit : le Danemark. Il boit 14 litres d'alcool (à 50°) par tête d'habitant, chiffre énorme dont l'analogue ne se voit nulle part. Cependant, cela représente pour chaque adulte environ 25 gr. d'alcool absolu par jour, c'est-à-dire la quantité d'alcool que contient un verre de vin! Si tous les Danois se contentaient d'une dose aussi modérée, il n'y aurait pas un seul alcoolique dans ce pays! Et c'est de beaucoup celui dont la consommation est la plus forte!

Inattaquable en théorie, ce raisonnement en pratique n'est valable qu'en partie. Cette égalité de tous les Danois devant l'alcool, que nous avons supposée, n'est pas vraisemblable : sans doute, dans leur pays comme ailleurs, les uns boivent plus, les autres moins, beaucoup sont à peu près abstinents. Notre chiffre n'est qu'une résultante de tout cela. C'est seulement à ce titre qu'il faut l'accepter et l'étudier.

Nous voyons par notre tableau des pages 8 et 9 que le seul pays où la consommation ait considérablement augmenté est la France.

Elle a augmenté, mais très faiblement, en Belgique et en Autriche.

Elle a été à peu près stationnaire en Allemagne (malgré le développement de l'industrie), dans les Pays-Bas et dans les États-Unis. Pour la Russie, etc., M. Sundbärg ne nous donne que les chiffres approximatifs; les auteurs russes trouvent une diminution.

Elle a diminué (tout en étant encore énorme) en Danemark. Elle a diminué un peu dans les Iles Britanniques. La diminution a été considérable, progressive et continue, en Suède et en Norvège. Ces deux pays sont les seuls où les résultats statistiques soient tout à fait favorables, tandis que la France est le seul où ils soient tout à fait déplorables.

Or, il existe une relation remarquable entre ces chiffres et les efforts du législateur dans ces différents pays. En France, il a voulu (par une aberration inconcevable) favoriser le commerce de l'eau-de-vie. Considérant que rien n'est plus favorable à un commerce que le régime de la liberté, il a donné la liberté entière au commerce des liqueurs en gros et en détail. On vient d'en voir le résultat.

En Suède et en Norvège, la législation est tout opposée. La Suède a appliqué le système proposé par le doyen de Gotembourg; la Norvège l'a sensiblement perfectionné et on peut dire que la Russie se l'est tout récemment approprié sous une forme d'ailleurs absolument différente.

On peut résumer ce système sous la forme suivante : *Il ne faut pas que le débitant ait intérêt à vendre!* Paradoxe au premier abord! Car il semble qu'un marchand doit toujours avoir intérêt à vendre. Cependant ce paradoxe est devenu une réalité.

Voici par quel procédé. Le privilège de vendre des boissons fortes est attribué à une compagnie par actions dont les membres s'interdisent à eux-mêmes de toucher plus que l'intérêt normal de l'argent (5 p. 100 autrefois, moins aujourd'hui). Donc il est exact de dire que cette société n'a pas intérêt à vendre. Elle établit donc un certain nombre de cabarets dont le règlement est propre à diminuer la vente autant que possible (fermetures à certaines heures; interdiction de jouer; interdiction de donner à boire à des enfants, etc.); les employés de cette compagnie sont payés à l'année et n'ont pas non plus intérêt à vendre.

On va plus loin encore : le surplus des bénéfices de ces compagnies (ce surplus est souvent considérable) est employé en œuvres d'intérêt public dont l'établissement et l'entretien ne sont pas obligatoires pour les communes. Ainsi les communes n'ont pas non plus intérêt à vendre.

La preuve que le système est bon, ce sont les chiffres qui précèdent. Il y en a beaucoup d'autres preuves encore dans le détail desquelles nous entrerons plus loin. J'ai étudié sur place et par le détail le fonctionnement du système; il m'a paru très bien appliqué. On trouvera sur ce sujet un grand nombre de renseignements pages 185 et suivantes.

La Russie est partie du même principe : *il ne faut pas que le débitant ait intérêt à vendre*, mais elle l'a appliqué tout autrement. Elle a fermé purement et simplement tous les cabarets d'un certain nombre de gouvernements, et elle a ouvert à la place des débits tenus par un employé de l'État payé à l'année, qui n'a aucun intérêt à vendre. En Russie, il est interdit de boire dans les débits; on y achète de petites bouteilles que l'on va consommer ailleurs. Il en résulte que ces débits sont aussi tranquilles que peuvent l'être chez nous les bureaux de poste; la preuve en est que très souvent ils sont tenus par des femmes. J'ai aussi étudié le système russe sur place, et j'ai publié les résultats recueillis dans la *Revue politique parlementaire* (août 1899).

Combien il faut se défier des phrases toutes faites! Que de gens admettent comme articles de foi l'impuissance des lois, et répètent : *Quid leges sine moribus?* simplement parce que d'autres l'ont dit! De ce que des lois mal faites ou trop ambitieuses restent lettre morte, il n'en résulte pas que des lois sages et bien faites doivent rester impuissantes à corriger à la longue des mœurs mauvaises.

En ce qui concerne l'alcoolisme, la Suède et la Norvège, pour ne parler que d'elles, ont prouvé de façon irréfutable la puissance souveraine d'une législation bien faite. D'autres pays tendent à nous donner la même démonstration.

Ce sont les enquêtes que j'ai faites sur place qui m'ont conduit peu à peu à cette conviction. Ce sont elles qui m'ont conduit à étudier plus complètement le sujet, et à écrire le présent ouvrage. Dans sa troisième partie, on trouvera, sur la législation de chaque pays et ses effets, des détails complémentaires.

Mais, avant d'aller plus loin, il est nécessaire d'examiner les méfaits de l'alcool, et même de dire si réellement l'alcool est un poison. Il y a quelque temps, cette question aurait paru oiseuse. Il nous faut bien l'examiner puisqu'un savant illustre a jugé opportun de faire des *excuses à l'alcool!*

DEUXIÈME PARTIE

L'ALCOOL EST UN ALIMENT VÉNÉNEUX

CHAPITRE PREMIER

DOSES MODÉRÉES PENDANT UN TEMPS TRÈS COURT[1]

L'alcool est un aliment! a dit M. Duclaux en s'appuyant sur des expériences américaines dont nous parlons un peu plus loin. Sur quoi on lui a fait dire que l'alcool était un aliment bienfaisant, que son emploi n'était pas dangereux, loin de là, et mille autres sottises dont il n'avait pas dit un mot. Peut-être M. Duclaux aurait-il dû s'attendre à ces exagérations et aurait-il dû s'en garer. Il ne l'avait pas fait, et il a aggravé son cas en dédaignant de démentir ces folies. Il a seulement répondu à ceux qui contestaient sa proposition telle qu'il l'avait formulée, en se plaignant qu'on eût élevé « une tempête dans un verre de vin ».

Sur quoi repose l'affirmation que « l'alcool est un aliment » ? Sur des expériences faites en Amérique et extrêmement bien conduites, dont on peut résumer ainsi les conclusions : Lorsqu'un homme sain et ordi-

1. *Annales de l'Institut Pasteur*, 25 nov. 1902-25 avril 1903.

absorbe avec son souper environ 0,7 gramme d'encre de Chine de façon à colorer ses matières fécales et à permettre ainsi de distinguer les matières qui proviennent de repas faits avant l'entrée dans l'appareil de celles qui proviennent du temps d'expérience.

De même, il prend un bain ordinaire et se lave tout le corps à l'eau distillée, pour être assuré que les produits de perspiration des jours précédents ne seront pas confondus avec ceux qu'on recueillera pendant l'expérience. Enfin il entre dans l'appareil la veille du jour où commence l'expérience. Celle-ci commence à 7 heures du matin.

Nous n'avons pas craint de donner toutes ces explications pour montrer avec quel soin minutieux ont été faites les expériences. Nous faisons grâce au lecteur de tous les détails de chimie (nous pourrions dire de cuisine, car celle-ci a été très soignée) dans lesquels sont entrés les auteurs américains.

Voici les résultats comparés de deux expériences:

Menu quotidien (en grammes).

SANS ALCOOL (10-14 janvier 1898).					AVEC ALCOOL (15-19 février 1898).				
	Déjeuner.	Dîner.	Souper.	Total.		Déjeuner.	Dîner.	Souper.	Total.
Bœuf fri	100	150	—	250	Bœuf fri	120	150	—	270
Beurre	15	20	15	50	Beurre	5	5	5	15
Lait écrémé	160	210	390	760	Lait écrémé	160	200	390	750
Pain	25	50	25	100	Pain	50	50	25	125
Plat au blé	—	50	75	125	Plat au blé	—	—	50	50
— — maïs	50	—	—	50	— — maïs	50	—	—	50
Croquettes de gingembre	—	—	60	60	Croquettes de gingembre	—	—	60	60
Sucre	25	25	30	80	Sucre	10	—	15	25
Café	300	300	300	900	Café avec alcool	175	200	200	575

La quantité d'alcool éthylique était de 72,5 grammes par jour, mêlé à une infusion de café. Cette dose est capable de produire 512 calories. A celui qui absorbait cet alcool (partie pendant ses repas, partie dans l'intervalle), on donnait moins de beurre, moins de blé et moins de sucre. On lui donnait un peu plus de viande et de pain. Ces quantités étaient calculées pour produire théoriquement une même quantité de calories.

Voici le résultat de l'expérience (très résumé) :

	MOYENNE DE CHAQUE JOUR	
	Expérience sans alcool.	Expérience avec alcool.
La chaleur de combustion des aliments absorbés était théoriquement	2.717 calories.	2.709 calories.
Mais les matières fécales contenaient des matières capables de produire.	142 —	127 —
Et l'urine contenait des matières capables de produire.	149 —	147 —
Le sujet avait émis un peu plus d'azote et un peu moins de carbone qu'il n'en avait absorbé. Ces matières représentent	150 —	159 —
Les matières oxydées dans son corps représentaient donc 2.717 — (142 + 149 + 150) calories, soit	2.277 —	2.268 —
Or, il en a émis dans le calorimètre.	2.309 —	2.283 —
Soit une différence de.	32 = 1,4 %	16 = 0,7 %

On voit que les résultats sont tout à fait analogues.

Il convient d'ajouter que presque tout l'alcool absorbé pendant la deuxième expérience a été oxydé dans l'intérieur du corps. Seulement 1,1 gramme a été perdu par lui, à savoir 0,1 gramme retrouvé dans l'urine, et 1 gramme éliminé en natu e par les poumons et par la peau. Encore estime-t-on que cette quantité, si insignifiante qu'elle soit, est supérieure à la quantité réellement éliminée, et qu'il y a eu une petite erreur de dosage.

Toutes les autres expériences ont donné des résultats analogues à celles sur lesquelles nous avons insisté. Dans celles où l'homme se livrait à un exercice musculaire, une partie des calories se transformait en force motrice, qu'il prît de l'alcool ou qu'il n'en prît pas.

Voici comment M. Duclaux résume ces expériences : « Dans le régime alimentaire de trois hommes valides, on a pu, sans inconvénient, remplacer du beurre, des légumes, ou autres aliments analogues, par de l'alcool sous forme de vin ou d'eau-de-vie. Ces remplacements ou ces alternances ne dépendent pas de l'état de repos ou de travail, ni d'aucune circonstance relative au consommateur. Tout est commandé par le coefficient isodynamique de l'aliment qui reste physiologiquement le même si la substitution se fait en tenant compte de ces coefficients et quand on supprime le vin dans un repas, il faut le remplacer par quelque chose. »

Il faut ajouter que cela n'est prouvé par les expériences que si la quantité d'alcool est très faible.

Mais en quoi tout cela justifie-t-il « les excuses à l'alcool » et la « revision de son procès » ? En rien, en vérité.

Cela ne prouve nullement que l'alcool ne soit pas nuisible.

On aurait mêlé aux aliments des sujets en expérience une très petite quantité de plomb, ou de tout autre poison notoire, que le résultat n'en aurait nullement changé. Ces aliments empoisonnés auraient produit le même nombre de calories. Pourtant il n'est pas douteux que le plomb est un poison, et que, si l'on en absorbe pendant longtemps, on tombe dans le saturnisme.

M. Duclaux n'était donc pas autorisé à écrire que « l'alcool est un aliment *au même titre* que les aliments variés qu'il remplace ». C'est un aliment, soit, mais un aliment vénéneux. Les expériences de MM. Atwater et Bénédict ne contredisent nullement cette affirmation, que tant d'autres observations et expériences démontrent.

M. Duclaux a dépassé en cela la portée des expériences américaines. Quant aux ineptes commentateurs de M. Duclaux, ils ont considérablement dépassé même les conclusions de cet auteur. Et c'est ainsi que, de dépassement en dépassement, on est arrivé à propager dans le public les erreurs les plus insensées.

Des recherches du même genre avaient été faites, mais dans des conditions beaucoup moins satisfaisantes, par Maurice Perrin[1]. Il opérait sur lui-même. Il analysait l'air expiré par lui pendant les 5 heures qui suivaient le repas du matin. Tantôt à ce repas (de composition à peu près semblable) il buvait de l'eau, tantôt il buvait 670 centimètres cubes d'un vin rouge contenant 9 % d'alcool, ou encore du vin blanc, de la bière ou de l'alcool pur étendu d'eau. Toujours il a trouvé que l'usage de ces boissons alcooliques était suivi d'une diminution dans la quantité d'acide carbonique exhalé par les poumons. La quantité d'urine était augmentée, sans que sa composition fût sensiblement modifiée; en sorte que la quantité d'urée produite était plus élevée.

Voici les résultats principaux qui concernent l'acide carbonique :

1. Dictionnaire encyclopédique des sciences médicales, art. *Alcool.*

Quantité de carbone contenu dans l'acide carbonique exhalé en une heure par les poumons.

	1re Exp.	2e Exp.	3e Exp.	4e Exp.	5e Exp.	6e Exp.
M. Perrin avait bu :						
De l'eau..................	14.154	13.107	13.483	13.805	13.783	13.517
670 cc. de vin rouge (9 % d'alcool)...............	11.318	12.365	10.576	10.952	11.454	12.092
670 cc. de vin blanc (6 % d'alcool)...............	12.545	11.460				
670 cc. de vin blanc (11 % d'alcool)...............	10.985					
1'100 cc. de bière.........	11.722					
90 gr. d'alcool étendu d'eau (45 %)...........	12.589					

On voit que, toujours, la quantité d'acide carbonique émise était moindre après l'ingestion d'un liquide alcoolique. C'est surtout dans la troisième heure qui suivait le repas que cette diminution s'observait.

De ces chiffres, M. Perrin concluait, un peu abusivement, que « ... l'usage des boissons alcooliques, par cela qu'il diminue la quantité d'acide carbonique exhalé, ralentit dans la même mesure l'activité de l'oxydation intravasculaire et par conséquent la production de chaleur animale ». Cette conclusion est excessive; outre que M. Perrin reconnaît qu'il n'a guère pu constater cette diminution de chaleur animale, il oublie que la combustion du carbone n'est pas le seul facteur de la chaleur animale; elle résulte aussi de la combustion d'autres éléments et notamment de la combustion de l'hydrogène, qui n'est qu'en partie comburé à l'état où il se trouve dans les aliments, et notamment dans l'alcool.

Les expériences américaines, faites au moyen d'un

instrument infiniment supérieur à ceux dont disposait Maurice Perrin, accusent aussi cette diminution de la quantité d'acide carbonique dans le régime alcoolique. Ils trouvent en effet (en 24 heures, y compris les heures de sommeil, ce qui explique sans doute que les chiffres soient plus faibles) :

Quantité de carbone trouvé dans les produits de la respiration.

	1re Expérience	2e Expérience
Régime ordinaire.............	224,5	223,6
— avec 7,25 d'alcool........	214,5	214,9

Leur appareil leur a permis de voir que cette diminution de combustion du carbone était compensée par d'autres combustions, et qu'en somme la quantité de calories produites par l'organisme était la même.

Toutes ces expériences ont un tort commun : on oublie que l'homme a un système nerveux! On traite notre pauvre corps comme s'il était seulement un brûleur destiné à produire des calories. On oublie que ce qui fait la grandeur, la puissance et la noblesse de l'espèce humaine, c'est son cerveau!

Le professeur Krœpelin, de Heidelberg, a voulu voir l'effet que produit sur cet organe délicat une dose très modérée d'alcool. Cet effet est mauvais, si faible que soit la quantité d'alcool ingérée. A des personnes qui avaient absorbé de 7 à 60 grammes d'alcool dilué dans de l'eau (on voit que la dose la plus forte n'est pas encore bien considérable), il faisait faire différents exercices cérébraux, tels que additionner des chiffres, en apprendre par cœur, évaluer un laps de temps, etc. Il a trouvé que plus la dose d'alcool absorbé était forte, plus ces travaux se faisaient lentement et mal.

Le plus curieux, c'est que les personnes en observation avaient au contraire la persuasion qu'elles travaillaient très bien et très vite. La boisson leur semblait avoir donné des ailes à leur cerveau, tandis qu'en réalité elle l'avait en partie paralysé.

Ce fait a été constaté par de nombreux observateurs. Il est assez facile à expliquer. L'alcool en effet paralyse le système nerveux, en commençant par ses parties les plus délicates et les plus nobles. La faculté de contrôle est la première qu'il annihile ; le sujet, délivré de ce gênant Mentor, se trouve allégé et très dispos. Il croit de bonne foi que le travail lui est devenu plus facile, plus rapide et plus sûr. C'est le contraire ; seulement Mentor endormi n'est plus en mesure de lui faire sentir ses erreurs : celles-ci n'en sont que plus fortes [1].

Et il y eut une école philosophique, longtemps classique, qui enseignait que le sens intime est *infaillible !*

L'action de l'alcool, même en très faible quantité, sur le pouvoir musculaire, n'est guère moins fâcheuse. Cela se constate au moyen du dynamomètre ou de l'*ergographe* de Mosso. Suivant M. Destrée, de Bruxelles, il y aurait tout d'abord une légère excitation, suivie au bout de quelques minutes d'une dépression très sensible que tous les auteurs (Frey, etc.) s'accordent à reconnaître.

On sait que les individus qui s'entraînent pour un sport quelconque (boxe, bicyclette, etc.) s'interdisent formellement toute espèce de boisson alcoolique.

1. Les expériences de Kræpelin, celles de Smith, de Neumann, etc., sont exposées avec détail dans l'*Alkoholfrage* de Matti Helenius.

Ils boivent très peu d'eau, et surtout pas d'alcool.

On a donné à ces vérités des applications industrielles. Matti Helenius, toujours très abondamment documenté, en cite un grand nombre d'exemples. Je lui emprunte celui-ci : La *Great Western Railway Co.* avait des voies larges de 7 pieds anglais, tandis que le reste du réseau anglais a des voies larges seulement de 4 pieds, 8 pouces et demi. D'où une grande incommodité qu'on résolut de faire cesser. Mais le trafic ne pouvait être suspendu que pendant 31 heures, le 21 et le 22 mai 1892, et il fallait transformer 370 kilomètres.

On estima que pour conserver aux 5.000 ouvriers toute la force musculaire nécessaire à un aussi grand effort, il ne fallait pas leur donner une goutte d'alcool, sous n'importe quelle forme. On est persuadé que cette mesure a contribué au succès de l'opération.

C'est dans la même pensée que Nansen ne voulut pas que le navire qui le portait vers le pôle Nord contînt une goutte d'alcool. Quelques-uns de ses hommes en emportèrent cependant, mais leur provision clandestine fut vite épuisée. L'absence d'alcool aida Nansen et ses compagnons à supporter l'horreur des hivers hyperboréens.

CHAPITRE II

DOSES MASSIVES PENDANT UN TEMPS TRÈS COURT

C'est sur les expériences suivantes qu'on s'est appuyé naguère pour dire que l'alcool traverse l'organisme sans y subir de transformation.

En 1860, Lallemand, Maurice Perrin et Duroy ont fait ingérer à des chiens de forte taille, par la sonde œsophagienne, des quantités relativement importantes d'alcool (environ 2 grammes par kilogramme d'animal). Pendant l'ivresse profonde suivant cette ingestion, ils saignaient leurs animaux, soumettaient le sang recueilli à des distillations successives et parvenaient à caractériser l'alcool dans le distillat, en quantité notable, bien que non précisée. De certains tissus d'animaux alcoolisés, sacrifiés pendant l'ivresse ou peu de temps après, surtout du foie et du cerveau, ils ont aussi pu retirer de l'alcool.

« Tels sont les résultats obtenus ; ils ne pouvaient, d'ailleurs, pas être différents, disent très justement MM. Roos et Hédon, et eussent été également du même ordre avec n'importe quelle substance ingérée à la place de l'alcool. La destruction par l'organisme d'une matière alimentaire n'est pas, en effet, un phénomène instantané. L'organisme est une machine apte à un certain travail ; mais, comme toutes les machines, elle consacre un temps déterminé à l'exécuter. Or, l'ivresse même, dans laquelle étaient plongés les animaux d'expérience, indiquait que le travail, élimination ou transformation, n'était pas fini et que, par suite, la cause occasionnelle de cette ivresse devait encore exister dans l'organisme.

« La seule déduction possible de ces expériences est que l'alcool introduit dans l'estomac passe rapidement dans la circulation générale; elles n'impliquent pas du tout qu'il traverse l'organisme sans se transformer. »

A la vérité, Lallemand, Perrin et Duroy ont tenté également la recherche de l'alcool dans les excreta ordinaires, notamment dans l'urine.

En opérant sur quatre hommes ayant ingéré en tout trois bouteilles de Bourgogne et 200 grammes d'eau-de-vie, ils sont parvenus à caractériser l'alcool dans les produits de la distillation de quatre litres d'urine recueillis en quatre heures après le repas comportant les libations indiquées. Aucune précision n'est donnée relativement aux doses d'alcool ingérées, non plus que la quantité réelle retirée de l'urine. C'est en s'appuyant sur ces faits que MM. Perrin, Lallemand et Duroy ont cru pouvoir conclure que l'alcool n'est pas brûlé dans l'organisme, que ce n'est pas un aliment, qu'il n'agit que comme modificateur du système nerveux et que l'alcool ingéré s'élimine par diverses voies, les poumons, la peau et surtout le rein.

Bien que ces conclusions ne ressortent nullement des travaux résumés ci-dessus, elles devinrent presque une doctrine [1].

1. Il nous suffira d'énumérer les auteurs principaux qui ont traité ce sujet :

En fait, les savants qui ont étudié l'élimination de l'alcool en nature s'accordent à dire qu'elle est très faible. Les chiffres représentant l'alcool éliminé varient des uns aux autres (et cela se comprend, car les conditions expérimentales ne sont pas identiques), mais dans des limites relativement étroites, de 6 à 2 % de la quantité ingérée.

« A ce point de vue spécial, continuent MM. Roos et Hédon, nous avons fait quelques expériences sur le lapin et le chien, auxquels nous avions administré des quantités relativement fortes d'alcool, voisines de la dose mortelle, allant à 5 centimètres cubes d'alcool absolu par kilogramme du poids du corps, injecté dans la circulation en une seule fois, sous la forme de solution à 10 % dans de l'eau salée physiologique. Dans ces conditions, aussi défavorables que possible à l'absorption intégrale, nous n'avons pu, cependant, que confirmer les recherches antérieures du même ordre. Nos expériences sur le lapin nous ont conduits à conclure qu'on ne retrouvait que moins de 1 % de l'alcool ingéré dans les produits de la respiration.

« Sur le chien, nous avons eu des résultats analogues. Voici, par exemple, l'une de nos expériences : à un chien de 7 kilos, nous pratiquons la trachéotomie; nous lions sur la trachée un tube à deux voies avec soupapes, maintenu à 38°, construit de telle sorte que les gaz sortant du poumon étaient forcés de traverser un appareil de condensation de grande surface,

Hermann en 1874, Brücke en 1881, Hoppe Seyler en 1881, Volfberg, etc., admettent que la valeur de l'alcool comme aliment est nulle ou insignifiante. Aucune expérimentation à l'appui.

Au contraire, Stauch en 1852, Buchheim en 1854, Masing en 1854, Schulinus en 1866, pensent que l'alcool introduit dans un organisme vivant y brûle plus ou moins complètement.

Binz vers 1880, Botlânder, Albertoni en 1888, Strassmann en 1891 concluent de diverses expériences dans le même sens.

maintenu à moins de 0° par un mélange réfrigérant. Nous administrons à l'animal ainsi disposé 350 centimètres cubes d'une solution d'alcool à 10 %. »

Les gaz de la respiration sont condensés pendant la majeure partie du temps que dure l'ivresse, soit quatre heures, et traversent, avant de s'échapper librement dans l'atmosphère, une solution d'acide chromique destinée à fixer les traces d'alcool non condensées par les parois refroidies.

Pendant le même temps et en deux fois, le chien fournit 140 centimètres cubes d'urine. Il a été retrouvé :

« Dans les produits de l'exhalation pulmonaire, 0^{cc},25 d'alcool absolu ;

« Dans l'urine, 0^{cc},96, soit en tout 1^{cc},21, ce qui donne 3,43 % de la quantité totale injectée. L'urine de 48 heures suivant l'expérience a été recueillie soigneusement, stérilisée au moment de la récolte et nous y avons encore dosé l'alcool. 475 centimètres cubes, formant l'élimination totale de 48 heures, nous ont fourni 0^{cc},263 d'alcool absolu, ce qui porterait à un peu plus de 4 % la quantité totale d'alcool éliminé en nature. Les expériences antérieures d'autres auteurs ont montré que les voies pulmonaire et rénale sont seules à considérer, en ce qui concerne l'élimination de l'alcool. Celle-ci est nulle par les intestins, elle est insignifiante par la peau.

« Ainsi, avec une dose d'alcool presque mortelle, plus de 95 % de l'alcool ingéré sont comburés.

« Nos chiffres sont une confirmation de ceux de Bodländer qui, avec 4^{cc},4 d'alcool par kilogramme sur le chien, a obtenu 4,10 % d'élimination en nature par les poumons et les reins réunis.

« Ce n'est qu'en quantité extrêmement faible, et

surtout pendant les quelques heures qui suivent l'alcoolisation, que l'alcool passe *en nature* dans les excreta, notamment dans les gaz de la respiration et dans l'urine.

« Avec Binz, Botländer, Albertoni, Strassmann et les autres, nous concluons donc que l'alcool est transformé par l'organisme. »

L'expérience suivante est due à M. Chauveau, le savant professeur de physiologie du Muséum.

Les belles recherches expérimentales que M. A. Chauveau a poursuivies portent sur la valeur comparée du sucre et de l'alcool au point de vue du travail musculaire, de la formation de réserve et des variations de poids du sujet soumis à ces régimes[1].

Le but expressément visé par A. Chauveau était, comme il l'indique au début de son étude, de savoir : « 1° non si l'ingestion de l'alcool est, d'une manière vague et générale, de quelque profit, mais si le sujet qui travaille, ayant le sang saturé de cette substance, fait fonctionner ses muscles en puisant dans sa combustion l'énergie nécessaire à ce fonctionnement; 2° d'établir expérimentalement l'influence de la substitution de l'alcool au sucre alimentaire, en quantité isodyname (c'est-à-dire équivalente sous le rapport énergétique), sur la valeur du travail musculaire accompli par le sujet, sur son entretien et sur sa dépense. »

Trois ordres de déterminations rigoureuses, exécutées pendant toute la durée de cette longue série d'expériences, montrent : 1° l'intensité des com-

1. *Mémoires de l'Académie des Sciences*, 1890.

bustions respiratoires, dont le taux de l'acide carbonique produit et celui de l'oxygène absorbé donnent la mesure; 2° le travail effectué (chemin parcouru et vitesse dans le même temps); 3° variation de poids vif du sujet dans chaque période d'expérience.

L'animal qui a servi à l'expérience commencée le 7 août 1899 et qui a pris fin le 31 août 1900 est un chien du poids moyen de 20 kilos. Il a été soumis à un travail journalier de courte durée, deux heures de course au trot allongé dans une caisse discoïde étanche. Peu de temps avant d'être placé dans l'appareil, l'animal recevait sa ration, composée de 500 grammes de viande crue et 252 grammes de sucre de canne. Dans les expériences sur la substitution de l'alcool, 50 grammes d'alcool à 96° remplaçaient, dans la ration, 84 % de sucre; ces quantités étaient équivalentes, au point de vue de l'énergie que pouvait développer leur combustion.

Voici textuellement les conclusions que Chauveau a tirées de cet ensemble d'expériences à la laborieuse et délicate exécution desquelles il a consacré plus d'une année.

« La substitution partielle de l'alcool au sucre, en proportion isodyname, dans la ration alimentaire d'un sujet qui travaille, ration administrée peu de temps avant le travail, entraîne pour le sujet les conséquences suivantes :

1° Diminution de la valeur absolue du travail musculaire;

2° Stagnation ou amoindrissement de l'entretien;

3° Élévation de la dépense énergétique par rapport à la valeur du travail accompli.

En somme, les résultats de la substitution se montrent, à tous les points de vue, très franchement défavorables. »

Il résulte, tout au moins, des expériences de M. Chauveau que, à des doses un peu fortes (2 gr. 50 par kilogramme du poids du corps), capables de produire l'ivresse, l'utilisation de l'énergie contenue dans l'alcool n'est pas proportionnelle aux doses ingérées.

En résumé, l'alcool, ingéré à doses élevées, est transformé en grande partie par l'organisme, mais celui-ci (même au point de vue du travail purement musculaire, et abstraction faite du système nerveux) n'en tire qu'un médiocre parti.

CHAPITRE III

DOSES MODÉRÉES PENDANT UN TEMPS PROLONGÉ

Au point de vue pratique, toutes les expériences qui précèdent *sont totalement dépourvues d'intérêt.* Nous les avons mentionnées à cause de leur intérêt scientifique, et surtout pour calmer « la tempête dans un verre de vin » si intempestivement provoquée par M. Duclaux.

Mais comme toutes ces expériences n'ont été poursuivies que *pendant un temps très court,* quelques jours au plus, elles n'ont aucun sens au point de vue social.

Personne n'a jamais prétendu qu'un verre de cognac pris une fois par an, ou même une fois par semaine, puisse avoir à lui seul une influence nuisible.

Et, d'autre part, personne n'a jamais recommandé l'ivresse, même temporaire.

Abordons enfin les questions graves.

Les expériences poursuivies par MM. Roos et Hédon [1] sont relatives aussi à l'alcool donné à des doses assez modérées. Elles ne sont pas aussi rigou-

1. *Revue générale des Sciences*, 30 juin 1903. *L'alcool et sa valeur alimentaire*, par M. L. Roos, directeur de la station œnologique de l'Hérault, et par M. E. Hédon, professeur de physiologie à la Faculté de médecine de Montpellier.

reuses que celle de MM. Atwater et Bénédict, mais elles ont l'avantage d'avoir été poursuivies non plus pendant quatre jours, mais pendant plus de six mois.

Voici comment ces auteurs les résument :

« Deux lots de cobayes, de même âge et de même poids initial, ont reçu pendant toute la durée de l'expérience la même nourriture, mais supplémentée pour l'un des lots par 30 centimètres cubes de vin rouge ordinaire à 9° par kilogramme de poids. Après trois mois de régime, la différence de poids moyen de chaque individu était de 5,60 % en faveur des viniques; après cinq mois, elle s'accentuait et passait à 12,89 %.

« A cette même époque, les poids moyens de chacun des couples en expérience, pris avec leur descendance vivante, différaient de 14,87 %, toujours en faveur des viniques. Vers le sixième mois, plusieurs des témoins moururent; l'expérience fut continuée sur les viniques, dont le poids moyen arrivait à 841 grammes. C'est dire qu'ils étaient à cette date en très bonne forme. Rien ne pouvait laisser supposer une action défavorable d'ordre quelconque sur la santé générale. Les fonctions de reproduction ont été plus actives chez les viniques; la mortalité des descendants a été la même dans les deux cas (23,3 % viniques contre 22,3 % témoins).

« Cette expérience nous paraît suffisante pour démontrer la valeur alimentaire très réelle, sinon de l'alcool, au moins du vin.

« Après ces expériences, nous en avons entrepris d'autres, dont les résultats aboutissent aux mêmes conclusions. Des animaux soumis à un régime alimentaire insuffisant maigrissent moins si l'on ajoute du vin à ce régime.

« L'expérience a été faite par nous sur des cobayes et même sur des poissons, cyprins et ombres. »

Déjà Strassmann, en 1891, avait fait quelques expériences du même genre.

A deux chiens d'une même portée et de poids à peu près semblable, il donna une ration identique, mais supplémentée, pour l'un d'eux, par de l'alcool.

Après un temps assez long de cette alimentation, il sacrifie les chiens et les analyse.

Il constate une augmentation de poids très notable et prouve par le dosage de la graisse que celui des animaux qui absorbait de l'alcool s'est engraissé plus que l'autre.

Sur deux chiens d'un poids initial de 4.700 et 4.800 grammes, il trouve, en fin d'expérience, des poids respectifs de 6.860 et 7.120 grammes, avec des quantités de graisse de 138 et 335 grammes, les chiffres les plus forts s'appliquant au chien alcoolisé.

Cette expérience, répétée sur d'autres sujets, a toujours donné des résultats du même ordre.

Bien plus longtemps auparavant, il y a une cinquantaine d'années, un vétérinaire, M. Crouzel, avait publié une note sur la valeur alimentaire du vin pour le bétail, et conseillait, après des expériences comparatives, l'utilisation des vins défectueux dans la ration des animaux de ferme. Pendant la crise viticole qui vient d'éprouver si durement le pays, plus particulièrement la région méridionale, cette alimentation alcoolique fut reprise dans bien des domaines. On substituait, à tout ou partie de l'avoine des chevaux ou mulets de travail, des barbotages de son et vin, ce dernier à des doses de 4 à 5 litres par jour pour un cheval. Ce régime a été continué aussi longtemps qu'il a été avantageux, c'est-à-dire aussi longtemps qu'un litre de vin et 500 grammes de son valaient moins qu'un kilogramme d'avoine; nulle part, après plusieurs mois d'application, on ne s'est aperçu qu'il modifiât sensiblement la santé générale des animaux ou leur aptitude au travail, et, cependant, un affaiblissement quelconque n'eût pas échappé à l'œil si observateur des travailleurs des champs.

De ce qui précède on peut conclure que l'alcool dilué, pris à dose modérée, peut n'être pas nuisible et peut remplacer, sans avantage mais sans inconvénient, une quantité isodyname d'aliments tertiaires.

Le tort de toutes les expériences qui précèdent est d'être faites sur des animaux, et non sur l'homme. L'alcool s'adresse surtout au système nerveux et spécialement aux parties les plus nobles du cerveau; pas un seul animal n'a un cerveau comparable à celui de l'homme. Donc les expériences favorables faites sur les animaux ne sont pas suffisantes.

Les expériences faites sur l'homme sont, hélas! très nombreuses. Elles courent les rues! Malheureusement elles sont rarement cataloguées. Cependant l'ouvrage si bien documenté de M. Matti Helenius, d'Helsingfors, *Die Alkoholfrage*, contient de nombreuses statistiques qui tendent à prouver que les personnes qui s'abstiennent complètement de boissons alcooliques vivent plus longtemps que celles qui en font un usage modéré.

Ces statistiques sont empruntées à différentes compagnies d'assurances; on peut donc compter sur l'exactitude des chiffres.

Voici comment elles se résument :

NOM des Compagnies d'assurances.	FAISANT UN USAGE MODÉRÉ D'ALCOOL — NOMBRE DE DÉCÈS			COMPLÈTEMENT ABSTINENTS DE TOUTE BOISSON ALCOOLIQUE — NOMBRE DE DÉCÈS		
	prévus.	observés.	%	prévus	observés.	%
1. United Kingdom Temperance and General Provident Institution (1866-1900).	11.293	10.830	96	8.442	6 028	71
2. Sceptre Life Association (1884-1900)	1.938	1.535	79	1.118	623	56
3. Scottish Temperance Life Assurance	155	107	69	492	232	47
4. Abstainers and General Insurance	—	—	—	477	239	50

Dans la *United kingdom Temperance and general provident Institution*, étant donnée la composition par âge des clients non abstinents, mais faisant des boissons alcooliques un usage modéré, la table de mortalité usitée dans les compagnies anglaises (dite Table[1] H. M.) faisait prévoir 11.293 décès ; on en a observé 10.850, soit un nombre à peu près égal (96 pour 100).

D'autre part, étant donnée la composition par âge des clients s'abstenant de toute boisson alcoolique, la table H. M. faisait prévoir 8.442 décès et on n'en a observé que 6.028, soit beaucoup moins (71 pour 100).

La *Sceptre Life Association* présente des chiffres plus favorables encore ; cette compagnie recrute ses clients dans différentes sectes religieuses, où la vie

1. Cette table, calculée par l'Institut des actuaires anglais, s'appelle *Healthy Males* (individus du sexe masculin en bonne santé au moment de l'inscription de la police).

est particulièrement réglée et ordonnée; de là sans doute la mortalité très faible trouvée même parmi les *non-abstinents*. Quant aux abstinents, ils ont une mortalité moitié moindre que la masse des assurés anglais[1].

M. Matti Helenius discute longuement ces chiffres; il répond à plusieurs objections assez peu sérieuses qui leur ont été adressées.

M. Matti Helenius cite encore d'autres compagnies d'assurances où l'on a trouvé des résultats analogues.

Les grandes mutualités anglaises confirment ces résultats. *L'espérance mathématique de vie* (ou vie moyenne scientifiquement calculée) à 18 ans, est

Pour l'ordre des Rechabites	....	50ans,62
— — Foresters	....	44, 74
— — Odd fellows	....	42, 87

Or, l'ordre des Rechabites, fondé en 1835, exige que ses membres — presque tous ouvriers — s'abstiennent de toute boisson alcoolique, tandis que l'ordre des Foresters — fondé en 1834, et également recruté parmi les ouvriers — se contente d'exiger que l'usage de ces boissons soit modéré. Les *Odd fellows* sont encore moins exigeants.

Résumons-nous.

Les expériences de MM. Roos et Hédon nous

1. Comment savoir, demandera-t-on peut-être, si un assuré est abstinent ou non? Voici comment : tous les cinq ans, la Compagnie demande à tous ses clients abstinents de déclarer par écrit s'ils ont fait usage de boissons alcooliques quelconques pendant les cinq ans qui précèdent. Ceux qui ne répondent pas sont rayés de la liste des abstinents pour passer dans celle des non-abstinents. On voit par là que cette dernière comprend certainement un certain nombre de réels abstinents. Cela donne aux chiffres une signification encore plus formelle.

avaient prouvé que *chez les animaux* l'usage prolongé d'une faible dose d'alcool est plutôt favorable.

Les observations recueillies par Matti Helenius auprès de différentes compagnies d'assurance montrent que *chez l'homme* l'abstinence complète de l'alcool prolonge la vie, c'est-à-dire que l'alcool, même pris en quantité modérée, la diminue.

Y a-t-il contradiction entre ces deux conclusions? Non, parce que l'alcool est un poison qui s'adresse surtout au cerveau. Or le cerveau des animaux ne compte pas, comparé à celui de l'homme.

CHAPITRE IV

DE L'ALCOOLISME CHRONIQUE

I. On peut mourir d'alcoolisme sans être ivrogne.

Il arrive tous les jours que l'on meure d'alcoolisme sans s'être jamais enivré.

Dès qu'on parle d'alcool à un tel malade, il répond avec le plus grand calme — car il est parfaitement sincère — qu'il est impossible que l'alcool soit la cause de sa maladie, car il n'en fait qu'un usage *modéré*. Le médecin demande à préciser : le malade alors fait une énumération souvent prodigieuse, invraisemblable de tous les apéritifs et petits verres et grands verres qu'il absorbe dans la journée ; il y a de quoi saouler un régiment. « Tout cela passe sans me rien faire, conclut le malade avec quelque orgueil ; je ne suis jamais ivre. Vous voyez donc bien que je ne fais pas abus de l'alcool ! »

Ce qui se passe chez ce buveur est identique à ce qui arrive à son confrère le morphinomane : il a commencé par prendre régulièrement des quantités assez faibles d'alcool ; puis il a subi le phénomène d'accoutumance, ou de *mithridatisme*, qui s'observe pour beaucoup d'autres poisons. Il ne trouve plus dans la même quantité d'alcool l'excitation attendue. Il est donc conduit à augmenter la dose. A l'accoutumance succède le besoin, le besoin impérieux. S'il est privé de son excitant usuel, il tombe dans un état de dépression intolérable. Il reprend donc bien vite l'usage de son poison préféré et chaque mois, chaque semaine, il en augmente un peu la dose. Le plus souvent, *il ne s'enivre pas*, mais il s'empoisonne lentement. Il devient alcoolique sans le savoir. On le surprend extrêmement quand on lui annonce qu'il a détruit son organisme.

Cette forme de l'alcoolisme est la plus fréquente et la plus dangereuse de toutes, parce qu'elle est la plus insidieuse.

II. Observation clinique.

Il n'entre pas dans le plan de ce livre de faire une description complète des désordres qu'entraîne l'abus des boissons alcooliques. Il convient pourtant de les énumérer.

Le tableau lamentable de l'alcoolisme chronique a été tracé de main de maître par le Suédois Magnus Hüss dès 1837; il a été repris et précisé par M. le professeur Lancereaux. Nous empruntons à ce dernier maître l'éloquent résumé qui suit [1] :

L'ivresse, cette manifestation de l'intoxication aiguë par l'alcool, est loin de précéder toujours et nécessairement la série des désordres que comporte l'alcoolisme chronique. Souvent celui-ci accomplit son évolution indépendamment de tout symptôme d'ivresse; il se montre après un temps plus ou moins long, souvent plusieurs mois ou plusieurs années, à partir du moment où ont commencé les excès de boissons. Son début est insidieux. En général, ce

1. *Dictionnaire Encyclopédique des Sciences médicales*, art. *Alcoolisme*.

sont les troubles digestifs qui commencent la scène, l'appétit diminue d'abord et finit par se perdre, la digestion devient difficile ou même pénible, il y a une distension gazeuse de l'estomac après chaque repas; chaque matin, le buveur rend par régurgitation ou par vomissement un liquide blanc, filant, muqueux ou verdâtre et bilieux, accident que le malade ne manque pas de combattre en faisant usage d'une nouvelle quantité de boisson (*vomitus matutinus potatorum*, pituite matinale des buveurs, dyspepsie alcoolique). Viennent ensuite les désordres nerveux; le tremblement apparaît l'un des premiers; les doigts d'abord, puis les mains et les pieds, la langue, enfin les membres supérieurs et inférieurs peuvent être successivement atteints. Le matin est encore le moment où ces symptômes commencent à se manifester. Accrus par les efforts que fait le malade pour donner de la précision à ses mouvements, ils ne sont accompagnés d'aucun sentiment douloureux, mais d'une légère faiblesse musculaire. Surviennent en second lieu les modifications si variées de la sensibilité : formications, tiraillements nerveux, hyperesthésie et anesthésie, obscurcissement de la vue, vertiges au réveil, céphalalgie, sensation de constriction thoracique, insomnie, cauchemars plus ou moins effrayants; puis les hallucinations se développent avec les caractères que nous leur connaissons; arrivent parfois des convulsions, des attaques apoplectiformes; un délire en général bruyant apparaît sous forme d'accès de quelques jours de durée, et presque toujours à propos d'un accident ou d'un état maladif quelconque. Le caractère est maussade, irritable, emporté, les traits de la figure perdent leur expression naturelle; les yeux rouges, injectés, sont oscillants, agités, le regard un peu hébété, les lèvres tremblantes. Tout cet ensemble donne à la physionomie quelque chose d'étrange dont la peinture est difficile sans doute, mais que l'observation apprend à reconnaître, et qui nous a souvent mis sur la trace du mal en question.

A ces divers phénomènes d'excitation succèdent en général un état de dépression plus ou moins marqué des différentes fonctions organiques, et des lésions plus sérieuses du côté des viscères : une seconde période commence. Les appareils digestif et nerveux sont toujours en cause; l'appétit est pour ainsi dire nul, les aliments sont difficilement supportés; arrivent des diarrhées passagères, des hématémèses ou des entérorrhagies liées à l'altération granulée du foie ou des reins, sinon à un état de dégénérescence graisseuse de ces organes; les troubles et la perte de la menstruation chez la femme, la perte prématurée des fonctions génésiques dans les deux sexes, la phtisie granuleuse, peuvent encore n'apparaître qu'à cette période où prédominent le plus ordinairement les désordres nerveux. Plus que tous les autres troubles, ces derniers sont caractérisés par la dépression de la fonction. La sensibilité est diminuée ou abolie; des extrémités où il commence à se montrer, ce symptôme gagne peu à peu les parties plus élevées et finit par envahir le tronc. Les mouvements sont affaiblis, une paralysie le plus souvent incomplète, mais qui a la plus grande tendance à se généraliser, débute également par les extrémités, pour de là s'étendre aux autres parties du corps et à la langue, de façon à produire assez tôt un embarras marqué de la parole. A cette même période appartiennent encore, dans quelques cas, des mouvements choréiformes, des accès convulsifs ou épileptiformes. Quelquefois la paralysie faisant entièrement défaut, ce qui caractérise cette dernière phase de l'alcoolisme, c'est au point de vue physique un état spécial de cachexie et de marasme, conséquence inévitable des lésions viscérales multiples, et au point de vue moral, la manifestation des tendances les plus mauvaises, l'abolition des sentiments moraux, et trop souvent l'abrutissement le plus complet.

Cet ensemble pathologique n'appartient pas, bien entendu, à tous les cas : tantôt, les désordres nerveux sont nuls ou insignifiants, la maladie consiste principalement dans l'altération d'un ou plusieurs des viscères abdominaux ou thoraciques; tantôt, au contraire, ces organes sont peu lésés, et les manifestations prédominantes occupent l'appareil de l'innervation. De là, à Paris surtout, deux classes d'alcoolisés qui sont, les uns traités dans les hôpitaux de la capitale, les autres dans les hospices spéciaux, tels que Bicêtre ou Charenton.

Dans l'alcoolisme comme dans la plupart des maladies, la cause ne changeant pas, les localisations morbides diffèrent néanmoins et dans leur siège et dans leur intensité, selon les prédispositions individuelles, et aussi en vertu de certaines conditions hygiéniques; ainsi s'expliquent les faces si diverses sous lesquelles se présente la symptomatologie de l'alcoolisme chronique. Naturellement lente et progressive, la marche de cette intoxication offre en outre cette particularité, qu'elle est ordinairement troublée par des accidents à caractère aigu, et parfois d'une certaine intensité. Ces accidents, qui souvent apparaissent et disparaissent, pour revenir ensuite et presque toujours à l'occasion d'une cause pour ainsi dire insignifiante, une contusion, une plaie, un embarras gastrique, l'époque menstruelle chez la femme, sont généralement connus sous le nom de *Delirium tremens*, d'accès convulsifs ou épileptiformes. Ils ne doivent pas étonner dans la marche de l'alcoolisme, car on retrouve leurs analogues dans plusieurs autres maladies chroniques, telles que la scrofule, le rhumatisme, l'intoxication plombique. On sait, en effet, que plus d'une fois des accidents aigus apparaissent dans le cours de ces maladies essentiellement chroniques.

Envisagées dans leur ensemble, les lésions anatomiques se prêtent fort bien à une étude générale en raison de l'analogie sinon de l'identité de la nature qu'elles présentent dans chacun des organes. A ce point de vue elles sont susceptibles d'être ramenées à deux types distincts caractérisés, l'un par l'hyperplasie de la substance conjonctive, l'autre par la dégénérescence graisseuse des éléments actifs des principaux organes. L'hyperplasie conjonctive constitue ces lésions variées, inflammations séreuses ou parenchymateuses qui, dans notre description, portent les dénominations de cirrhose, de néphrite, de péritonite, etc., et que resserrent un lien et des caractères communs. L'un des principaux caractères de ces altérations, c'est leur marche lente, graduée, progressive, et le défaut de suppuration. (Nous faisons exception ici pour certains cas d'hépatite et de pneumonie dont l'origine alcoolique n'est pas encore bien démontrée, et qui, en tout cas, font plutôt partie de l'alcoolisme aigu.) Ces phlegmasies, adhésives selon l'expression de Hunter, sont en même temps chroniques. Habituellement elles n'éveillent aucun phénomène réactionnel, en sorte qu'elles peuvent, dans quelques cas, échapper pendant longtemps aux moyens d'investigation et rester méconnues.

Ce livre n'étant pas destiné seulement à des médecins, reprenons, pour les préciser davantage, quelques traits sur lesquels M. Lancereaux n'avait pas à insister dans une esquisse rapide :

L'alcoolisme chronique se traduit par les lésions suivantes :

Tube digestif. — Il est douteux que l'alcool ait sur la langue, la muqueuse de la bouche et celle du pharynx l'action nocive qu'on lui a quelquefois attribuée.

L'action nocive sur l'estomac est au contraire incontestable. La *gastrite alcoolique simple* est une affection très fréquente : tantôt, au début de l'affection, l'estomac se dilate (surtout chez les buveurs de bière); tantôt (et le plus souvent tardivement) il se rétrécit (buveurs d'eau-de-vie), la muqueuse de l'estomac rougit sous l'influence de l'alcool (cela fut visible chez le Canadien célèbre observé par le Dr Beaumont; on sait qu'une large fistule, suite de blessure, permettait de voir sa muqueuse stomacale); l'ingestion répétée de l'alcool altère profondément cette muqueuse qui devient grisâtre, pointillée de noir. La *pituite des ivrognes* (vomissements du matin) survient alors. Peu à peu, les digestions deviennent très difficiles; l'appétit se perd presque entièrement. Les vieux buveurs d'eau-de-vie ou d'absinthe déclarent qu'il leur est aussi difficile de manger que de ne pas boire.

La *gastrite ulcéreuse* et l'*ulcère rond de l'estomac* sont très fréquents chez les buveurs d'eau-de-vie. Sa description, qui se trouve dans tous les traités de pathologie, ne saurait trouver place ici. On la soigne par la diète lactée; elle se termine très souvent par la mort.

L'*intestin grêle* est rarement affecté par l'alcoolisme. Le *gros intestin* présente parfois des ulcérations dues directement ou indirectement (cirrhose du foie) à l'alcoolisme.

Foie. La cirrhose du foie est due, dans la grande majorité des cas, à l'action de l'alcool. Cette maladie, extrêmement fréquente chez les ivrognes, est sûrement mortelle. Elle tue en un an ou deux.

La *péritonite pseudo-membraneuse chronique* a été attribuée par M. Lancereaux à l'alcoolisme. Cette maladie est rare.

Appareil de la respiration. — On connaît la voix enrouée, rauque ou même aphone des buveurs. On l'a appelée la laryngite crapuleuse.

Il est douteux que l'alcoolisme cause la pneumonie, mais il est probable qu'il la favorise. La pleurésie à marche lente avec épanchement peu abondant, mais avec formation de fausses membranes, a été plus particulièrement rattachée à l'alcoolisme; elle forme en quelque sorte *pendant* à l'inflammation pseudo-membraneuse d'une autre vaste séreuse, le péritoine, dont nous parlons plus haut.

« La *phtisie se contracte sur le zinc* » (du marchand de vin). Cette formule est de date assez récente; elle traduit un fait observé depuis longtemps : c'est que l'éclosion de la phtisie est favorisée par l'alcoolisme. Il est bien entendu que cette terrible maladie survient très souvent chez des gens très sobres. Mais l'usage de l'alcool, en affaiblissant l'organisme, lui rend plus difficile de lutter contre le bacille de Koch lorsqu'il le rencontre.

Appareil circulatoire. — L'alcool, pris habituellement même à doses très insuffisantes pour produire l'ivresse, rend les artères *athéromateuses*, c'est-à-dire que leur tunique moyenne subit la dégénérescence graisseuse, devient moins élastique et devient même dure et friable, avant l'âge. L'athérome se produit souvent dans la vieillesse, dont il est une des principales conséquences. Chez les buveurs, ce signe important de sénilité est précoce. On s'en aperçoit notamment en palpant les artères fémorales au sortir de l'anneau inguinal.

M. Lancereaux, dès 1862, a signalé la *phlébartérite membraneuse* des ivrognes; elle siège notamment dans la veine porte et dans l'artère pulmonaire. (A noter que l'alcool est charrié par le système porte et par l'artère pulmonaire avant d'être jeté dans le torrent circulatoire.) Cette maladie se traduit par des productions membraneuses à l'intérieur des vaisseaux.

Le cœur participe à cette dégénérescence du système vasculaire. Il devient gras; ses valvules, et surtout la valvule aortique, devient souvent malade sans qu'il y ait eu attaque de rhumatisme.

La rate est ordinairement volumineuse, molle, friable, souvent parsemée de petites taches hémorragiques.

Le corps thyroïde, les capsules surrénales, les ganglions lymphatiques ne paraissent pas présenter de lésions qu'on doive rattacher directement à l'alcoolisme.

Appareil nerveux. — Les lésions de l'appareil nerveux sont nombreuses. Les méninges s'épaississent, les vaisseaux de l'arachnoïde subissent la dégénérescence graisseuse, et souvent on y constate des taches ecchymotiques qui en sont la conséquence.

Le cerveau dans le delirium tremens, est à peu près modifié à la simple vue, mais les capillaires du cerveau sont atteints de dégénérescence; les éléments cellulaires participent plus ou moins à cette dégénérescence granulo-graisseuse. Dans un degré plus avancé de la maladie, la masse encéphalique s'indure en même temps qu'elle s'atrophie; elle se ratatine. Dans d'autres cas, plus avancés encore, elle se ramollit.

Nous ne ferons qu'énumérer les troubles qui accompagnent ces lésions.

Le *tremblement* des vieux buveurs est connu de tout le monde. On l'observe surtout en invitant le malade à étendre les membres supérieurs en relevant les mains et en tenant les doigts écartés; on voit aussitôt les doigts trembler. Des soubresauts de tendons accompagnent généralement le tremblement. Avec le temps, il se généralise, les mains deviennent très maladroites. Les *convulsions* indiquent un nouveau progrès du mal.

La *sensibilité* est altérée; le malade sent des fourmillements pénibles, surtout pendant la nuit. Le sommeil, très difficile, s'accompagne de cauchemars effrayants, et le malade rêve surtout d'animaux rampants (serpents, rats, etc.) ou griffus.

Le *delirium tremens* est un phénomène si connu que nous n'y insisterons pas.

L'*épilepsie alcoolique* le complique souvent.

La *paralysie générale* est une forme de folie très fréquente chez les alcooliques. La description de cette maladie se trouve dans les traités de pathologie. Nous rappellerons seulement qu'elle est à peu près incurable; elle commence souvent par la kleptomanie (la manie du vol) et se termine invariablement par la mort. Elle déshonore sa victime; puis elle le tue.

L'*hémorragie cérébrale* est une conséquence de l'état des vaisseaux du cerveau.

Le *suicide* est extrêmement fréquent chez les alcooliques.

Parmi les organes des sens, l'œil est le plus affecté par l'alcoolisme (*amblyopie* par intoxication, etc.).

Appareil de la locomotion. — Les muscles subissent une dégénérescence graisseuse partielle, et s'atrophient. Les os deviennent vieux avant l'âge; ils subissent la dégénérescence graisseuse, et deviennent faibles; lorsqu'ils se cassent, ils se consolident difficilement.

Appareil urinaire. — La *néphrite chronique* peut sans doute survenir chez les hommes les plus sobres; mais elle est particulièrement fréquente chez les alcooliques. Cette maladie est incurable et se termine invariablement par la mort.

III. Observation statistique.

Tel est le tableau rapide et incomplet des suites de l'alcoolisme, tel qu'il se trouve dans les traités spéciaux. Les médecins qui l'ont tracé, dont les principaux sont le suédois Magnus Hüss et M. le professeur Lancereaux, n'avaient à leur disposition que l'observation clinique. Ils ont observé les maladies énoncées ci-dessus chez un certain nombre d'alcooliques avérés, et ils en ont conclu qu'entre l'alcool et la maladie il y avait un lien. Cette conclusion serait incontestable si l'alcoolisme n'était pas si répandu, ou encore si ces maladies ne s'observaient absolument que chez les alcooliques. Mais d'une part elles se voient presque toutes chez des gens très-sobres; et d'autre part l'alcool est tellement fréquent qu'il n'y a guère de maladie qui ne coïncide souvent avec l'existence de ce vice. Toute la question est donc de savoir si elles sont plus fréquentes chez les alcooliques que chez les personnes sobres. C'est donc, au fond, une question de statistique.

Elle n'est pas très facile à résoudre, car il faudrait savoir combien, dans la population, il y a de personnes sobres et de gens faisant abus de l'alcool; cette statistique pourrait, à mon avis, être faite par les médecins des hôpitaux, s'ils se liguaient pour y parvenir [1].

1. Il faudrait qu'ils convinssent d'une définition commune du mot alcoolique, et qu'ils s'astreignissent, pendant un temps déterminé, à qualifier, à ce point de vue, *tous* les malades qui entrent dans leurs salles (en distinguant l'âge, le sexe, et peut-être la profession). On aurait ainsi un tableau qui indiquerait la fréquence de l'alcoolisme dans la classe sociale qui fréquente l'hôpital (c'est à peu près le quart de la population parisienne). La fréquence de ce vice serait sans doute un peu surestimée, puisque l'alcoolisme est par lui-même une cause d'entrée à l'hôpital. Cependant on aurait ainsi une base sérieuse d'appréciation.

C'est donc un tableau dans le genre de celui-ci qu'il faudrait remplir pour *tous* les malades entrés à l'hôpital pendant un temps donné:

NOMENCLATURE internationale des maladies.	SEXE MASCULIN						
	De 20 à 39 ans.					De 40 à 59 ans.	60 ans et plus.
	CONSOMMATION HABITUELLE D'ALCOOL PAR JOUR, SOUS UNE FORME QUELCONQUE.						
	moins de 50 gr.	de 50 à 100 gr.	100 à 200 gr.	200 à 400 gr.	plus de 400 gr.	Mêmes distinctions.	Mêmes distinctions.
1 Fièvre typhoïde, etc.							

Un tableau semblable pour les femmes.

On aurait ainsi deux renseignements des plus importants :

1° La proportion de gens du peuple buvant habituellement chacune des quantités indiquées;

2° L'influence de chaque dose d'alcool sur le développement de chaque maladie.

Pour arriver à cet important résultat, il suffit d'un peu de discipline pendant deux ou trois mois. Est-ce beaucoup demander?

Voici un essai de statistique dressée dans 23 services d'hôpitaux répartis entre 14 hôpitaux situés dans toutes les parties de la ville par les médecins qui dirigeaient ces services, et publiée par M. le Dr Jacquet[1].

Nombre des malades examinés au point de vue de l'alcoolisme dans divers hôpitaux de Paris en 1899.

	Ensemble.	Alcooliques.	
Hommes......	3.203	1.258	39,2 sur 100 examinés.
Femmes......	1.541	147	9,5 — —
Total.....	4.744	1.405	29,6 — —
Consultants...	3.416	795	23,3 sur 100 examinés.
Hospitalisés...	1.328	610	45,9 — —
Total.....	4.744	1.405	29,6 — —

Voici quelques détails sur un certain nombre des alcooliques compris dans le précédent tableau :

Buveurs de vin à l'exclusion de toute autre liqueur (2 à 3 litres par jour; quelquefois plus)........	68
Buveurs de vin et eau-de-vie ou rhum (2 à 12 petits verres)..	69
Buveurs de vin et apéritifs autres que l'absinthe (2 à 10 verres)..	92
Buveurs de vin et absinthe........................	181
Buveurs éclectiques (faisant usage à la fois de toutes les liqueurs ci-dessus)......................	321
	731

Voici les maladies dont étaient atteints quelques-uns de ces alcooliques :

Gastrites ou gastro-entérites...............	123
Maladies du foie...........................	21
Alcoolisme chronique, paralysie, etc.....	171
Phtisie, période de l'ulcère du poumon..	252[2]
	[illegible]

Cette statistique est un premier pas dans le sens que nous indiquons. Malheureusement la définition du mot alcoolique n'est guère précisée. « Où commence

1. *Alcool-Maladie-Mort; rapport sur l'alcoolisme dans les hôpitaux parisiens*, lu à la Société médicale des hôpitaux au nom d'une commission... *par L. Jacquet, rapporteur* (Paris, Carré et Naud, 1899).
2. Dont 180 alcooliques avant le début apparent de la maladie.

l'alcoolisation? demande M. Jacquet. A cette question, pas de réponse précise. Pourtant on s'accorderait sans doute, tant bien que mal, à admettre que les gens de vie active, au grand air, peuvent consommer, sans dommage, un litre de vin ou l'équivalent de sa teneur en alcool; au delà commencerait le mal. Si nous acceptions cette limite la statistique serait bien simple : tous nos malades hommes, ou peu s'en faut, la dépassent journellement et donc pourraient être dits alcoolisés... Nous n'avons retenu que la quantité supérieure à 1 litre et demi de vin par jour, accompagnés de petits verres ou apéritifs. tout en croyant cette proportion déjà nocive. Certains de nos collègues n'ont retenu que les buveurs à *stigmates* (sur 620 alcoolisés à forte dose, 246 étaient exempts de stigmates). De là un certain manque d'homogénéité. »

Ces lignes de M. Jacquet donnent à ces chiffres une signification terrible. On voit en effet que dans les chiffres ci-dessus, on n'a compté que les alcooliques *avérés*. Ils sont pourtant très nombreux.

On aimerait à savoir de quelles maladies étaient atteints (par sexe et par âge), d'une part les alcooliques, d'autre part ceux qui ne l'étaient pas. Nous ne trouverons sur ce point, dans l'important rapport de M. Jacquet, que des indications incomplètes.

Voici des chiffres qui montrent cependant bien clairement que, par l'observation clinique, on était arrivé à la vérité.

Ces chiffres sont calculés d'après l'excellente statistique que M. Tatham a dressée de la mortalité par professions et par causes de mort pour l'Angleterre et le pays de Galles (1890-91-92). Nous y considérons d'une part une population éminemment exposée à l'alcoolisme, celle des débitants [1], d'autre part la population des autres boutiquiers [2]. Évidemment, le genre de vie de ces deux catégories est comparable à tous les égards, excepté un seul, celui qui nous intéresse; les uns boivent beaucoup d'alcool et en respirent toute la journée; les autres, sans être toujours très sobres, tant s'en faut, sont beaucoup moins exposés aux méfaits de la pernicieuse liqueur.

Pour faciliter la lecture, nous faisons composer en caractères gras les chiffres qui concernent les « débitants » lorsqu'ils sont supérieurs au similaire des « autres boutiquiers ».

On voit, en consultant la dernière ligne du tableau, que la mortalité des débitants est à chaque âge deux fois plus forte que celle des autres boutiquiers. Chez ceux-ci, l'alcoolisme n'est certes pas inconnu (voir la ligne 2 du tableau), mais il est incomparablement plus rare que chez les débitants.

Presque toutes les maladies contribuent à ce résultat, mais surtout les maladies du foie (lisez la cirrhose du foie), *cinq* fois plus fréquentes chez les cabaretiers que chez leurs voisins; la maladie de Bright, les accidents, les maladies du système nerveux, les suicides, deux fois plus fréquents; la pneumonie, deux ou trois fois plus fréquente; la phtisie, deux fois plus fréquente; le diabète, l'anévrisme, deux ou trois fois plus fréquents lorsque est venu l'âge.

1. Exactement sont compris dans cette catégorie les débitants (*innkeepers*), les publicains, marchands de spiritueux, vins et bières, les domestiques d'hôtels et de cabarets.

2. Exactement sont compris dans cette catégorie : 1° les éditeurs, libraires, papetiers, etc.; 2° les pharmaciens, droguistes; 3° marchands de tabac, etc.; 4° les laitiers, crémiers, etc.; 5° les marchands de poissons, volaille, etc.; 6° les fruitiers et marchands de légumes; 7° les épiciers, etc.; 8° les drapiers, marchands d'articles de Manchester; 9° les marchands de charbon; 10° les quincailliers; 11° les boutiquiers sans spécialité.

Angleterre et Galles (1890-91-92)

Sur 100.000 habitants masculins de chaque âge et de chaque profession, combien de décès en un an causés par chacune des maladies indiquées.

CAUSES DE MORT.	25 à 35 ans.		35 à 45 ans.		45 à 55 ans.		55 à 65 ans.	
	Débitants.	Autres boutiquiers.	Débitants.	Autres boutiquiers.	Débitants.	Autres boutiquiers.	Débitants.	Autres boutiquiers.
Influenza	41.5	19.5	52.9	34.1	95.0	77.7	186.8	120.5
Alcoolisme	150.8	12.9	181.3	27.6	149.4	32.1	109.8	25.3
Rhumatisme fiévreux	27.6	13.6	21.4	15.0	32.7	10.3	17.3	15.2
Goutte	—	—	7.6	1.9	35.8	9.6	71.4	14.2
Cancer	10.4	12.5	39.1	36.0	137.0	111.7	321.4	233.0
Phtisie	496.2	277.2	609.4	319.9	504.3	268.4	335.1	222.9
Diabète	8.1	10.8	12.6	11.2	52.9	21.2	96.2	37.5
Maladies du système nerveux	86.4	36.9	192.6	87.9	345.4	179.8	615.4	431.6
Maladies valvulaires du cœur	24.2	13.6	36.5	26.2	76.3	53.9	101.6	90.2
Anévrisme	2.3	2.1	6.3	5.2	26.5	13.5	24.7	8.1
Autres maladies du système circulatoire	81.7	34.5	172.5	83.2	354.9	194.5	708.8	502.0
Bronchite	28.8	16.0	74.3	48.6	214.8	149.6	505.5	459.0
Pneumonie	158.8	63.0	277.0	113.6	323.8	186.2	464.2	267.5
Pleurésie	6.9	8.4	25.2	11.2	17.1	14.8	19.2	14.2
Autres maladies de l'appareil respiratoire	18.4	7.3	54.2	18.7	87.2	51.4	112.6	91.2
Hernie	3.5	1.7	5.0	1.4	4.7	5.1	30.2	14.2
Maladies du foie	80.6	10.1	243.0	43.0	473.2	94.4	634.6	129.7
Autres maladies de l'appareil digestif	39.1	13.6	60.4	37.0	87.2	55.9	142.8	105.3
Maladie de Bright	31.1	13.9	78.1	36.5	140.1	77.0	250.0	126.7
Autres maladies du système urinaire	23.0	9.4	27.7	10.8	62.3	30.8	107.1	71.9
Saturnisme	—	—	—	0.5	1.5	1.3	—	—
Accident	48.4	25.4	80.6	38.8	84 1	43.7	137.3	69.9
Suicide	35.7	17.4	52.9	23.4	51.4	37.9	65.9	47.6
Autres causes de mort	102.4	68.2	141.0	52.3	166.5	108.5	211.5	193.5
Toutes causes réunies	1505.9	688.0	2451.6	1114.0	3524.2	1829.2	5268.4	3291.2

Au contraire le cancer ne présente pas une majoration aussi sensible; les maladies valvulaires du cœur présentent une majoration moindre qu'on ne l'aurait peut-être attendu, mais les autres maladies de l'appareil circulatoire (athérome artériel, etc.) sont beaucoup plus fréquentes.

Nous avons tenu à calculer la fréquence de chaque maladie âge par âge, parce que c'est, à notre avis, la seule méthode à suivre pour ne pas s'exposer à l'erreur. Mais le lecteur craint de se noyer dans un océan de chiffres et préfère, non sans raison, qu'ils soient synthétisés. La méthode qui consisterait à calculer : « sur 100.000 débitants de tout âge, combien meurent de telle ou telle maladie », à faire le même calcul pour les autres boutiquiers et à comparer les chiffres ainsi obtenus, est mauvaise; elle ne serait acceptable que si la composition par âge des deux populations était identique, ce qui n'arrive pas; dès lors, on ne sait pas si les différences que l'on observe sont dues au genre de commerce, ou si elles ne sont pas, tout simplement, le fait de l'âge de ceux qui l'exercent. M. Tatham, fidèle à la méthode ingénieuse qu'avait inaugurée son prédecesseur M. Ogle, synthétise les chiffres ainsi :

On ramène chaque profession à être composée ainsi qu'il suit :

Hommes de 25 à 35 ans	22.586
— 35 à 45 —	17.418
— 45 à 55 —	12.885
— 55 à 65 —	8.326
Total	61.215

En moyenne, en Angleterre, une telle population produit 1.000 décès en un an. Dans les professions insalubres, ce chiffre est dépassé; il n'est pas atteint dans les professions saines.

Angleterre et Galles (1890-91-92).

Nombre de décès fournis, en un an, par chaque cause, par 61.215 hommes, des âges indiqués ci-dessus, et exerçant une des professions ci-dessous :

	MARCHANDS		OUVRIERS DE LA TRACTION		
			par voiture (alcooliques).		
	Débitants (alcooliques)	Autres boutiquiers (relativement sobres).	cochers.	voituriers.	par chemin de fer (sobres).
Influenza	46	30	38	45	34
Alcoolisme	94	14	28	17	4
Rhumatisme fébrile	16	8	8	9	7
Goutte	12	2	6	1	2
Cancer	53	42	58	59	43
Phtisie	314	172	229	195	129
Diabète	19	10	5	4	7
Maladies du système nerveux	148	82	82	93	77
Maladies valvulaires du cœur	30	23	32	27	25
Anévrisme	7	4	9	6	5
Autres maladies du système circulatoire	153	90	107	133	79
Bronchite	89	70	119	149	61
Pneumonie	165	80	128	184	69
Pleurésie	10	7	6	13	6
Autres maladies du système respiratoire	34	21	29	29	20
Hernie	5	2	2	3	1
Maladies du foie	174	31	33	27	18
Autres maladies du système digestif	42	25	28	33	20
Maladie de Bright	59	30	33	27	23
Autres maladies du système urinaire	27	14	21	14	11
Saturnisme	0	0	—	0	0
Accident	47	25	62	128	122
Suicide	29	17	20	15	7
Autres causes	89	60	70	73	48
Total des décès	1.659	859	1.153	1.284	818

Ces chiffres indiquent le nombre de décès par chaque cause que produit une telle population parmi :

1° les marchands de vin; 2° les autres boutiquiers.

Ces professions ont pour caractère commun d'être sédentaires. Nous en avons, d'autre part, comparé d'autres qui s'exercent au grand air, à savoir :

1° Les ouvriers de chemins de fer (mécaniciens, chauffeurs, aiguilleurs, hommes de service, gardiens, etc.) pour lesquels la sobriété est une nécessité professionnelle; 2° les cochers; 3° les voituriers. Chacun sait que l'alcoolisme de ces deux dernières professions est presque proverbial. Ici encore, nous trouvons que la phtisie, les maladies du foie, celles de l'appareil circulatoire, la maladie de Bright sont beaucoup plus fréquentes dans les professions où l'alcoolisme est fréquent que chez les ouvriers de chemins de fer.

Les enquêtes faites sur l'alcoolisme contiennent généralement des statistiques très copieuses sur la fréquence de la folie, du crime, du suicide, des infirmités, causes d'exemption militaire, etc. etc., en un mot sur toutes les calamités sociales. Les auteurs concluent généralement en les attribuant à l'alcool.

Je ne reproduirai pas ces statistiques, car elles ne me paraissent pas démonstratives.

La fréquence du suicide, des crimes contre les mœurs, du divorce (probablement aussi la fréquence de la folie) etc., augmentent en France; ces différentes calamités sociales sont plus fréquents dans les centres industriels. En termes généraux, ces plaies de la civilisation se développent surtout dans les centres de civilisation. Comme il en est de même de l'alcoolisme, on est libre de les lui attribuer. Mais il est clair qu'on n'y est pas obligé. Pour forcer la conviction il faudrait des preuves plus décisives.

Voici, par exemple, le résumé d'une enquête très étendue poursuivie dans les asiles d'aliénés par Claude (des Vosges) dans son très remarquable rapport :

Asiles publics d'aliénés en France.

(Les chiffres se rapportent à l'ensemble de chaque période quinquennale [1].)

—	NOMBRES ABSOLUS				Sur 100 malades de chaque sexe, combien sont reconnus alcooliques.		
	des admissions (déduction faite des malades transférés dans d'autres Établissements).		des malades atteints d'alcoolisme.				
	masculin	féminin	masculin	féminin	masc.	fém.	total
1861-65.	8.494	6.489	1.256	183	14.8	2.8	9.6
1866-70.	10.911	8.480	2.057	266	18.9	3.1	12.0
1871-75.	11.813	10.149	2.785	466	23.6	4.6	14.8
1876-80.	21.644	18.178	4.759	1.130	22.0	6.2	14.8
1881-85.	27.731	23.476	6.075	1.311	21.9	5.6	14.4
	80.593	66.772	16.932	3.356	21.0	5.0	13.8

Ce tableau ne paraît guère instructif en ce qui concerne l'alcoolisme.

Que l'alcool soit cause fréquente d'aliénation mentale, c'est ce qu'aucun médecin sérieux n'a jamais mis en doute, tant la chose est évidente. Mais ce tableau ne le prouve pas, et n'indique même pas combien le fait est fréquent. Il est fort au-dessous de la vérité.

L'enquête, en effet, a été mal conduite. On n'a pas réservé de colonne pour les aliénés sur lesquels on

1. Ce ne sont donc pas des moyennes annuelles.

n'a pas de renseignement. Or plusieurs directeurs d'asiles ont fait remarquer que leur nombre forme 40 ou 60 % du total des aliénés. Ils sont marqués au nombre des entrés, mais jamais dans la colonne des alcooliques, quoiqu'ils appartiennent très souvent à cette catégorie. De ce seul chef, la proportion des alcooliques doit probablement être doublée !

De plus, on n'a jamais donné aux directeurs d'asiles de définition de l'alcoolisme. Par exemple, un homme qui boit communément 2 litres de vin par jour doit-il être considéré comme alcoolique? Oui, selon les uns; pas encore, selon les autres. Vienne un changement de médecin, la proportion des individus dits alcooliques change brusquement. En voici un exemple quelconque. A l'asile d'Aix en Provence, on trouvait chaque année, depuis 17 ans, une proportion de 1 ou 2 alcooliques sur 100 entrés; cela a duré jusqu'en 1877; brusquement, à partir de 1878, on en trouve 12 ou 14 ou 15. Cependant les conditions d'alcoolisme de la région n'ont pas pu changer ainsi du jour au lendemain; c'est le médecin qui avait changé, et avec lui l'appréciation du mot « alcoolique ».

Prendrait-on les chiffres pour bons, qu'on n'en pourrait tirer aucune conclusion. On trouve en 1871-85 environ 14 ou 15 alcooliques sur 100 aliénés. On ne pourrait tirer une conclusion que si l'on connaissait la proportion des alcooliques dans la population générale; s'il était prouvé que la proportion des alcooliques dans la population générale est également de 14 ou 15 pour 100, cela tendrait à indiquer que l'alcool n'a aucune action sur l'aliénation (à supposer que la définition de l'alcoolisme soit la même

1. En cette matière, comme en toute statistique humaine, il est essentiel de tenir un compte, au moins sommaire, de l'âge.

pour la population générale et pour la population des asiles); si, au contraire, il n'y a que 5 alcooliques pour 100 dans la population générale, la proportion de 15 pour 100 trouvée dans les asiles indiquerait que l'alcoolisme multiplie par 3 la chance de devenir fou, etc.[1].

Mais aucun de ces éléments de comparaison n'est connu.

Ce tableau, au point de vue de l'alcoolisme, ne nous apprend donc que peu de chose. La fréquentation d'un asile d'aliénés ou simplement d'un hôpital est, à cet égard, plus instructive.

IV. De l'alcoolisme héréditaire.

L'alcoolisme, avec ou sans ivrognerie, ne dégrade pas seulement l'individu. Il frappe aussi sa descendance. Du moins il en est ainsi dans un grand nombre de cas.

M. le Dr Legrain, dans son excellent ouvrage *la Dégénérescence sociale et l'alcoolisme*, cite un très grand nombre d'exemples de familles dans lesquelles l'alcoolisme et les tares qu'il provoque étaient héréditaires. Il dresse l'arbre généalogique de chacune d'elles; arbre touffu, aux branches nombreuses, car les alcooliques sont souvent très prolifiques, mais ces branches portent en elles un principe mortel; beaucoup se terminent par la mort prématurée, l'épilepsie, l'imbécillité, la folie.

Ces observations sont saisissantes; mais elles ne se prêtent pas à la totalisation; ce sont des séries de faits plutôt que des statistiques. Il faut les lire dans

1. On trouvera une collection de statistiques de ce genre dans les rapports de Claude des Vosges, de Guillemet, etc. Matti Helenius, tout en les critiquant, est trop indulgent pour elles. Il en cite un grand nombre d'autres.

l'ouvrage si captivant, si terrifiant, du Dr Legrain. Ce serait les dénaturer que de les résumer.

Voici ses conclusions principales :

La convergence de l'alcoolisme chez les parents (les deux générateurs) crée la *tendance irrésistible à boire,* chez les enfants.

L'absinthisme des parents semble engendrer *directement* et d'une façon à peu près fatale l'épilepsie chez les enfants.

Enfin l'union de l'absinthisme et de l'épilepsie chez les parents produit sûrement l'épilepsie chez les enfants.

M. Legrain en conclut que « l'alcoolisme doit être considéré comme une des causes les plus puissantes de dépopulation ». Cette opinion, très répandue dans le public, n'est pas du tout la nôtre.

Elle pourrait être, jusqu'à un certain point, défendue si une mortalité excessive était une cause sérieuse de la dépopulation de la France. Mais il n'en est pas ainsi.

La mortalité en France n'est pas très forte. La dépopulation a pour *seule* cause l'extraordinaire faiblesse de la natalité. Or justement, les alcooliques ont en général beaucoup d'enfants. J'accorde que parmi ces enfants, un certain nombre meurent et grossissent la mortalité. Mais encore une fois, celle-ci n'est pas en cause.

Puisque la dépopulation est due *uniquement* à la rareté extrême des naissances et que les alcooliques ne contribuent pas à cette rareté, il ne faut pas la leur reprocher.

L'alcoolisme et le néo-malthusianisme sont deux fléaux, mais deux fléaux parfaitement distincts.

CHAPITRE V

DEGRÉ DE NOCIVITÉ ET CONSOMMATION DES DIVERSES SORTES DE LIQUEURS FORTES

Dujardin-Beaumetz et Audigé, ayant soumis pendant quatre ans des cochons à l'empoisonnement lent par l'alcool, concluent que, dans la même série alcoolique, plus l'alcool est élevé dans la série atomique, plus il est toxique. Le moins toxique est l'alcool de vin; pourtant il peut être, dans certaines conditions de fabrication, aussi dangereux que les alcools commerciaux. Parmi ces derniers, l'introduction du maïs et du riz a permis d'obtenir des alcools éthyliques presque purs sans rectification.

Voici, d'après les mêmes auteurs, et d'après Laborde, comment les eaux-de-vie usuelles peuvent être classées (avant rectification) en allant des moins toxiques à celles qui le sont le plus :

Eaux-de-vie de vin.
— de poiré.
— de marc et de cidre.
— de grain.
— de betteraves et de mélasses.
— de pommes de terre.

« Il est bien entendu, ajoute Dujardin-Beaumetz

Production annuelle des alcools par nature de substances mises en œuvre de 1840 à 1887. (Alcool pur.)

ANNÉES.	TOTAL GÉNÉRAL des quantités d'alcool produites.	ALCOOLS provenant DE LA DISTILLATION			TOTAL de la production des alcools d'industrie		ALCOOLS provenant DE LA DISTILLATION					TOTAL de la production des alcools de vins, cidres, etc.	
		de substances farineuses.	des mélasses.	des betteraves.	en hectolitres d'alcool pur.	par rapport à la production totale.	des vins.	des cidres.	des marcs, lies, etc.	des fruits.	des substances diverses.	en hectolitres d'alcool pur.	par rapport à la production totale.
						p. 100.							p. 100.
1840-1850	891.500	36.000	40.000	500	76.500	8.6	....	....	815.000	....	....	815.000	91.4
1853-1857 . ..	671.000	69.000	137.000	300.000	506.000	75.4	....	....	165.000	....	....	165.000	24.6
1865-1869 . ..	1.345.214	84.018	346.640	300.449	731.107	54.3	....	....	553.983	....	60.124	614.107	45.7
1870-1875 . ..	1.591.070	108.483	582.443	313.771	1.004.697	63.1	....	....	539.762	....	46.611	586.373	36.9
1876..... ..	1.709.175	101.402	710.670	243.337	1.055.409	61.7	545.904	22.388	76.227	1.228	7.929	653.766	38.3
1877.. . .	1.308.833	163.204	642.709	272.883	1.078.796	82.4	157.570	9.468	56.491	1.062	5.796	230.087	17.6
1878.. ..	1.417.227	180.469	646.715	331.716	1.158.900	81.7	192.952	9.822	51.079	978	3.490	258.327	18.3
1879. .	1.487.819	247.171	723.631	364.714	1.335.516	89.7	102.651	7.265	36.831	438	5.118	152.303	10.3
1880.	1.581.068	412.585	685.423	429.878	1.527.896	96.6	27.200	3.347	17.373	624	4.658	53.472	3.4
1881. . .	1.821.287	506.273	685.646	563.240	1.755.159	96.3	34.324	2.291	24.621	603	4.289	66.128	3.7
1882.. .	1.766.566	447.066	703.989	556.056	1.707.111	96.6	21.962	9.829	22.893	713	4.058	59.455	3.4
1883. ..	2.011.016	561.932	750.637	629.998	1.942.567	96.5	22.740	8.088	28.918	1.408	7.325	68.449	3.5
1884 ..	1.934.464	485.001	778.714	569.257	1.832 972	94.7	35.251	15.567	43 266	2.799	4.609	101.492	5 3
1885.. . .	1.864.451	567.768	728.523	465.451	1.761.742	93.9	23.240	20.908	43.853	7.080	7.028	102.709	6.1
1886.	2.052.250	780.963	477.781	683.985	1.945.729	94.8	19.513	28.600	49.311	4.424	4.673	106.521	5 2
1887..	2.003.635	763.030	451.820	672.052	[illegible]	[illegible]	33.758	17.505	41.879	2.386	25.796	116.407	5.9

Production annuelle des alcools par nature de substances mises en œuvre de 1888 à 1902. (Alcool pur.)

ANNÉES.	TOTAL GÉNÉRAL des quantités d'alcool produites.	ALCOOLS provenant DE LA DISTILLATION			TOTAL de la production des alcools d'industrie		ALCOOLS provenant DE LA DISTILLATION					TOTAL de la production des alcools de vins, cidres, etc.	
		de substances farineuses.	des mélasses.	des betteraves.	en hectolitres d'alcool pur.	par rapport à la production totale.	des vins.	des cidres.	des marcs, lies, etc.	des fruits.	des substances diverses.	en hectolitres d'alcool pur.	par rapport à la production totale.
						p. 100.							p. 100.
1888	2.162.483	794.326	582.452	654.700	2.031.478	93.9	41.776	12.933	14.092	4.016	28.188	131.005	6.1
1889	2.245.963	751.266	559.911	824.090	2.135.267	95.1	42.140	15.298	43.881	2.820	6.557	110.696	4.9
1890	2.214.527	645.255	682.573	800.982	2.128.810	96.1	38.799	4.803	34.374	1.160	6.581	85.717	3.9
1891	2.208.119	392.537	838.645	866.406	2.097.588	95	51.133	7.759	37.748	5.878	8.013	110.531	5
1892	2.263.079	366.335	902.446	854.329	2.123.110	93.8	69.639	13.589	46.210	4.348	6.183	139.969	6.2
1893	2.476.387	457.877	896.572	861.099	2.215.548	89.4	100.829	44.761	74.773	28.222	12.234	260.839	10.6
1894	2.329.113	415.795	817.525	753.508	1.986.828	85.3	161.660	72.135	77.274	29.014	2.205	342.285	14.7
1895	2.165.448	386.604	846.403	744.325	1.977.332	91.3	61.202	45.717	62.592	14.698	3.907	188.116	8.7
1896	2.022.134	416.530	863.423	544.087	1.824.040	90.2	58.652	53.739	78.429	6.051	1.203	198.094	9.8
1897	2.208.140	484.637	734.849	798.484	2.017.940	91.3	83.719	26.579	72.909	6.311	682	190.200	8.6
1898	2.412.460	683.566	708.270	897.542	2.289.378	94.9	45.975	9.352	55.207	4.781	7.767	123.082	5.1
1899	2.599.558	714.774	667.493	1.047.320	2.429.587	93.4	77.006	19.760	68.768	2.893	1.544	169.971	6.5
1900	2.656.268	562.455	796.675	973.225	2.332.355	87.8	149.407	47.043	93.460	33.147	856	323.913	12.2
1901	2.437.964	269.074	1.006.933	578.628	1.854.635	76.0	330.966	115.220	114.893	21.557	693	583.329	23.9
1902	1.886.754	219.339	914.898	520.707	1.654.944	87.7	105.745	33.609	80.237	11.941	278	231.810	12.2

et je tiens beaucoup à ce point, que l'alcool éthylique même chimiquement pur, est toxique, et que l'on peut s'empoisonner aussi bien avec de l'alcool de vin qu'avec de l'alcool de grain mal rectifié.

« ... La rectification des alcools s'impose donc. Mais ce qui vaudrait mieux encore que le monopole et la rectification, c'est que le travailleur reprît le goût des boissons alcooliques *dites* hygiéniques, vin, cidre, bière, etc., et qu'il abandonnât l'usage des liqueurs fortes et de l'alcool. Malheureusement c'est une route opposée qu'il suit, et rien ne fait espérer qu'il ait trouvé, dans cette voie, son chemin de Damas. »

Voici dans quelle proportion ces différents alcools ont été produits en France (voir pages 68 et 69).

Enfin voici la consommation en France des principales boissons fortes :

	%	Consommation totale Hectolitres	
Esprits, trois-six, etc. . .	8.14	120.110 dont 94.683	chez des particuliers s'approvisionnant en gros.
Eaux-de-vie	59.38	919.727 dont 63 %	en petits verres.
Rhums, kirschs	9.00	139.679 dont 70 %	—
Genièvres	4.13	64.054 dont 83 %	—
Amers, bitters, etc. . .	7.70	118.890 dont 85 %	—
Absinthes et similaires.	11.65	180.585 dont 86 %	—

A la suite de ces substances meurtrières, nous devons en mentionner une qui serait, quoique fermentée, tout à fait inoffensive !

Le Dr Pitoy, de Reims, annonce qu'il a trouvé le moyen de fabriquer des liqueurs *fermentées sans alcool*, qui n'ont aucun inconvénient pour la santé. Nous en trouvons l'indication dans le journal *l'Alcool* (mai 1902) :

Une circonstance fortuite avait mis le Dr Pitoy en possession d'un singulier ferment de la famille des *Nostoc*, qu'il avait baptisé *Leuconostoc dissiliens* et dont la propriété consistait à dédoubler les sucres naturels en acide carbonique et en une substance ternaire, appelée dextranose, qui n'avait plus rien de commun avec l'alcool. La conséquence était la formation, à l'aide des jus sucrés, d'une boisson *fermentée*, mais absolument dépourvue d'alcool. C'est ainsi que le moût de raisin, le moût de pommes, le moût d'orge donnaient finalement des vins fermentés, des cidres fermentés, des bières fermentées; l'illusion du consommateur était complète. Il avait l'idée qu'il consommait des boissons fermentées ordinaires, à cette différence près, différence qui est capitale, c'est qu'il n'éprouvait plus les effets de l'alcool, désormais absent de la boisson.

La *dextranose* qui remplace ici l'alcool est une substance tout à fait inoffensive; cela est démontré par des expériences probantes.

Aujourd'hui la découverte est sortie du laboratoire pour entrer dans le domaine de la pratique. Très prochainement, le commerce livrera au consommateur d'excellente bière fermentée parfaite au goût, préparée naturellement, c'est-à-dire sans artifices et ne contenant pas un atome d'alcool.

La préparation des vins n'est pas encore tout à fait à point. Mais ce ne serait qu'une question de temps.

La découverte de M. Pitoy peut avoir des conséquences considérables; on conçoit qu'elle nous débarrasse de l'alcoolisme dû à l'abus du vin, de la bière et du cidre.

On a reproché à M. Pitoy de s'être attaqué à l'alcool de la bière avant de s'occuper de celui du vin, pourtant bien plus dangereux. Il est manifeste pourtant qu'il a bien fait. La bière étant un produit industriel, il est relativement facile de révolutionner sa fabrication. Le vin, au contraire, et le cidre sont des produits agricoles. Qui dira à un vigneron bordelais qu'il doit, par humanité, semer dans sa cuve le *nostoc* de M. Pitoy aura peu de chance d'être écouté. Et c'est par milliers qu'il faudra répéter cette infructueuse prédication.

M. Pitoy, nécessairement, reste impuissant contre l'eau-de-vie. Sa découverte n'en a pas moins une immense portée.

TROISIÈME PARTIE

RÉSULTATS OBTENUS PAR LES DIFFÉRENTES MESURES EMPLOYÉES POUR RESTREINDRE L'ALCOOLISME.

CHAPITRE PREMIER

DES OBSTACLES D'ORDRE ÉLECTORAL QUE RENCONTRE TOUTE LÉGISLATION CONTRE L'ALCOOL

Nous nous proposons d'étudier, chiffres en mains, le degré d'efficacité des mesures employées par différents pays pour combattre l'alcoolisme.

C'est peine perdue, nous le savons!

Ces mesures, quelles qu'elles soient, personne en France ne les désire : ni les empoisonneurs, ni les empoisonnés. Ils sont le nombre, donc ils sont la force!

Les motifs électoraux, beaucoup plus encore que les motifs fiscaux, mènent le peuple français à l'abrutissement par l'alcool.

Ce n'est pas en France seulement que « le grand électeur » est souverain. Dans tous les pays, les réformes antialcooliques ont été entravées par les intérêts électoraux les plus mesquins.

Sans doute, la Suède, la Norvège, plus récemment la Suisse se sont délivrées de cette honteuse servitude. D'autres pays n'ont pas encore su s'en dégager.

MM. Rowntree et Sherwell ont étudié avec beaucoup de soin l'influence prépondérante que les débitants ont su conquérir sur la direction politique de l'Angleterre. Nous leur empruntons les renseignements suivants :

On évalue à 200.000.000 de livres sterling (soit 5 milliards de francs) le capital engagé dans les brasseries et distilleries d'Angleterre [1]. On a la liste des 16.604 actionnaires (sans parler des obligataires) des cinq principales brasseries d'Angleterre. « Un fait des plus significatifs, disent MM. Rowntree et Sherwell, est la position sociale d'un grand nombre de ces actionnaires. Dans les deux principales compagnies, spécialement dans la société Guinness et C°, les pairs, les personnes titrées et les docteurs forment, après les femmes, le plus grand nombre des actionnaires » ; dans cette compagnie, 178 personnes portent le titre de « Rev. » ; parmi eux se trouvent des évêques, des doyens, archidoyens et « *canons* » dont les prédications contre l'alcool doivent manquer d'éloquence. Les 4 autres compagnies comptent 133 « Reverends ». Voilà déjà un grand nombre de personnes influentes qui seront engagées à ne rien faire pour nuire au commerce de l'alcool, bien au contraire [2].

Les brasseurs et distillateurs se sont constitués en société pour la défense de leurs intérêts. Cette société s'appelle la *Licensed Victualers' Central*

1. Il n'y a (1896) que 173 distilleries dans le Royaume-Uni, mais il y a 8.086 brasseurs dont 6.985 ne fabriquent pas moins de 1.000 barils de bière et 22 de 300.000 à un million de barils, et 6 plus d'un million de barils de bière.

2. Les auteurs font remarquer qu'en Suède, le fait de posséder une action dans une distillerie est considéré comme une offense contre la loi pour les fonctionnaires, le clergé, les instituteurs, les juges, les bourgmestres, etc.

Protection Society. Elle a aussitôt annoncé qu'elle entendait devenir maîtresse de l'État. Attaquée de tous côtés, elle adopte la devise « *Our Trade, our Politics* », et suivra fidèlement la politique indiquée par cette devise.

La *Beer and wine trade national defence League* n'est pas moins explicite : « Proposer, soutenir ou combattre les lois au Parlement, et assister les candidats à la députation qui seront favorables aux intérêts de notre commerce. Notre seul but, en dehors de toute question politique, est d'obtenir par tout moyen légitime l'arrivée à la Chambre des Communes et aux autres corps administratifs, de candidats favorables à notre commerce. »

L'argent ne leur manque pas. « Pour une livre dépensée par l'Alliance des tempérants, moi et mes amis nous en dépenserons cent, » dit M. Bass, le célèbre brasseur.

Bien munies d'argent, assistées par les 156.000 cabaretiers des trois royaumes, ces sociétés ont parfaitement atteint leur but. L'*Almanach du Brasseur* donne la liste des membres de la Chambre des Communes, en attribuant à chacun d'eux une des trois notes suivantes : Favorable, contraire, douteux.

Le parti unioniste actuellement au pouvoir contient une large majorité de *favorables*, tandis que le parti libéral doit peut-être sa défaite (1895) à ce qu'il est en grande partie contraire.

Membres de la Chambre des Communes.

	Conservateurs et Unionistes.	Libéraux
Favorables à la Ligue d'alimentation	388	5
Contraires [1] — —	9	172
Douteux — —	13	2

1. Parmi les conservateurs *contraires*, 8 Irlandais.

MM. Rowntree et Sherwell, examinant les résultats partiels de chaque circonscription électorale, montrent l'énormité de l'influence que les débitants peuvent avoir eu sur le résultat de l'élection. Ne considérant que les 270 élections contestées, et admettant que chaque *on licence* [1] a pu enlever seulement deux votes aux libéraux en faveur des conservateurs, ils montrent que, sans cet appoint, la majorité unioniste, qui fut de 152, se serait changée en une majorité libérale de 14. Ainsi il n'est nullement exagéré de croire que c'est la Ligue des marchands d'alcool qui, avec ses énormes ressources pécuniaires, avec l'aide des 156.000 cabaretiers, a renversé le gouvernement libéral de 1892, et changé la direction politique de l'Angleterre.

La même action se fait sentir dans les élections municipales.

Aussi lord Roseberry pouvait dire [2] : « Je ne suis pas un fanatique en matière de tempérance, mais je vois que la condition libre (*uncontrolled condition*) de notre trafic des liqueurs est un sérieux danger pour deux raisons. D'abord parce que la consommation en alcool est trop grande... et ensuite parce que ce trafic prend un trop grand pouvoir dans l'État. Si l'État ne se hâte pas de devenir le maître du trafic des liqueurs, le trafic des liqueurs deviendra maître de l'État. (*If the State does not soon control the liquor trafic, the liquor trafic will control the State.*) »

Hélas! ce n'est pas seulement à l'Angleterre que s'applique cette parole!

Que d'intérêts ligués pour empoisonner l'huma-

1. Débit proprement dit.
2. *Times*, 3 juillet 1895.

nité! La cupidité des gros et des petits intéressés, la faiblesse morale et l'impuissance réelle de ceux qui détiennent ce qu'on appelle par dérision « le pouvoir », l'intérêt mal compris du Trésor qui s'enrichit temporairement du mal qui cause sa faiblesse permanente, le vœu même des victimes de l'intoxication! Que de causes de dégradation!

Contre un danger aussi pressant, la société a le droit évident de se défendre par les mesures même les plus énergiques. C'est ce qu'a fort bien exprimé la Cour suprême du pays le plus absolument libéral qui soit au monde, les États-Unis [1] :

« L'État peut, en vertu de son droit de police, réglementer ou même supprimer totalement tout trafic qui paraît être une source de danger public, sans pour cela créer pour les intérêts lésés aucun droit de réparation quelconque. Or le commerce de boissons enivrantes rentre (comme la prostitution) dans cette catégorie. » (Octobre 1887.)

Et ailleurs :

« Aucun citoyen des États-Unis ne peut prétendre à un droit naturel et inviolable d'exercer le commerce des boissons à base d'alcool. » (1886.)

Ce principe s'applique même au cas où l'État interdit la vente aux particuliers pour s'en réserver le monopole, car il est supposé ne prendre cette mesure que pour restreindre la consommation.

M. Lejeune, ministre d'État en Belgique, a récemment exprimé la même pensée.

« L'empoisonnement ne peut jamais être un droit. La loi, en défendant par mesure de salut public une

1. Nous empruntons ces intéressantes citations à M. Dupré La Tour, *La lutte anti-alcoolique aux États-Unis.* (Musée social, *Mémoires et Documents*, n° 6 juin 1903.)

pratique meurtrière, n'exproprie pas ceux que sa tolérance enrichissait. »

La cour suprême des États-Unis est peut-être la seule institution de ce pays qui soit complètement indépendante de l'électeur. Aucune considération mesquine ne peut donc entraver l'expression de sa pensée.

Mais ce n'est pas elle qui dispose du pouvoir législatif ni du pouvoir exécutif. L'association des marchands de liqueurs en gros des États-Unis a une caisse électorale alimentée par une taxe volontaire de 25 centimes par bouteille de whisky vendue (décision du 1er juin 1902). Voilà de quoi annuler pratiquement les arrêts de la Cour suprême. Nous verrons que, même avant la création de cette « caisse électorale », on y a assez bien réussi.

En France, le Parlement, jusqu'à ce jour, s'est à peu près complètement désintéressé de la question de l'alcoolisme. Nous citons plus loin la loi de 1873 sur l'ivresse publique ; elle ne peut pas être considérée sérieusement comme une arme contre l'alcool. C'est pourtant la seule loi française qui ait eu cette prétention.

Plus récemment M. Guillemet, zélé protagoniste du monopole de la vente en gros, avait essayé de provoquer une consultation sur ce point auprès des conseils généraux. Il leur demandait peu de chose : l'expression d'un vœu.

Vingt conseils généraux ont saisi cette occasion pour demander le maintien du privilège des bouilleurs de cru (il est vrai que dix autres ont demandé sa suppression ou sa restriction ; ce sont des départements où il n'y a pas de bouilleurs de cru). Tout ce que M. Guillemet a obtenu, c'est que vingt et un conseils se déclarassent favorables au monopole de la vente en gros et sept à une surtaxe sur l'alcool.

Trente-trois conseils ont jugé la question oiseuse, car ils ne s'en sont même pas occupés.

Ainsi en France, les assemblées électives ne voient pas le danger de l'alcool; et, dans leurs velléités passagères, elles paraissent se sentir dominées par une force supérieure.

La Chambre des Députés, pourtant, a eu, le 10 décembre 1900, un bon mouvement. M. Vaillant lui a fait adopter l'amendement suivant à la loi sur le régime des boissons : « Le Gouvernement interdira par décrets la fabrication, la circulation et la vente de toute essence reconnue dangereuse et déclarée telle par l'Académie de médecine ». La liste des essences proscrites a été en effet rédigée par l'Académie de médecine en 1903. Mais la plus redoutable, qui est l'alcool lui-même, manque à cette série de condamnés. Sa puissance est trop grande pour qu'on ose l'attaquer.

Faut-il donc désespérer? Non. La Suède, la Norvège, la Finlande, la Suisse enfin, ont su prendre des mesures énergiques en s'appuyant sur l'opinion publique heureusement réveillée.

CHAPITRE II

DU DEGRÉ D'EFFICACITÉ DES PÉNALITÉS ET MESURES DIVERSES PRISES CONTRE L'IVRESSE

C'est la propreté de la rue que ces lois devraient se proposer pour but, et non la diminution de l'alcoolisme.

Il est évident qu'elles n'atteignent pas l'alcoolique chronique, l'homme qui, à force de faire un usage « modéré » de l'alcool, arrive à se détériorer le cerveau, le système vasculaire et le foie, et à devenir épileptique, fou furieux et meurtrier.

Elles ne détourneront pas davantage de sa passion l'ivrogne proprement dit. « La nature le condamne à mort, et il continue! s'écriait le sénateur Testelin lorsqu'on discutait la loi Théophile Roussel du 23 janvier 1873; est-ce parce que vous le condamnerez à quelques francs d'amende, qu'il se corrigera? »

Ce n'était pas une raison pour ne pas voter la loi, évidemment indispensable, de 1873. Mais c'était une raison peut-être pour modifier son titre. Qu'elle soit destinée « à réprimer l'ivresse publique », on peut encore l'accorder; mais elle n'est nullement capable de « combattre l'alcoolisme ».

Des lois pareilles existent à peu près dans tous les pays civilisés. Partout on a senti la nécessité de protéger les passants contre le spectacle répugnant d'un homme ivre, et il est prodigieux qu'en France on ait été si long à les en délivrer.

Mais ces lois, dit-on, ne sont pas exécutées. Si fait, elles le sont, et partout, ou peu s'en faut, de la même manière. La police ne s'occupe pas de l'homme ivre quand il est à peu près inoffensif ou simplement incommode. Elle l'arrête au contraire quand il fait scandale. C'est tout ce que peut demander le législateur. C'est déjà quelque chose au point de vue de la propreté de la rue. Au point de vue de l'alcoolisme et de sa diminution, ce n'est rien ou peu de chose.

Il en est de même, sans doute, dans tous les pays, même ceux qui ont su combattre l'alcoolisme avec le plus de succès. Combien de fois, à Kristiania, ai-je vu des individus manifestement ivres, passer en titubant devant un agent de police que ce spectacle laissait fort indifférent?

Dans tous les pays, les condamnations pour ivresse forment le plus fort contingent des poursuites. On ne peut donc pas dire que la loi ne soit pas exécutée. Elle l'est dans la mesure que je viens d'indiquer. Quand un homme ivre est-il jugé faire scandale? Ici les appréciations varient évidemment avec les mœurs locales. C'est ce que la statistique des arrestations laisse assez bien deviner. A Londres, sur 1.000 habitants il y a environ huit arrestations pour ivresse en un an; à Liverpool, il y en a six. A Glasgow, il y en a vingt-six. Cependant il n'est nullement prouvé que l'ivrognerie soit trois ou quatre fois plus fréquente à Glasgow qu'à Liverpool ou à Londres; il est plus vraisemblable que la jurisprudence de la police y est plus sévère.

Nous aurons souvent à faire usage de la statistique des arrestations; cet usage sera toujours prudent.

Elle ne peut pas servir à comparer la fréquence de l'ivresse (encore moins la gravité de l'alcoolisme) dans deux pays, ni même dans deux villes différentes; mais elle peut, dans une certaine mesure, et surtout lorsqu'elle est corroborée par un autre renseignement, indiquer un changement survenu dans l'alcoolisme d'une même localité, car les traditions policières changent très difficilement.

Nous citerons, tout au long, la loi Théophile Roussel, puisque c'est la *seule* mesure (!) prise en France « pour combattre l'alcoolisme », et nous insisterons ensuite sur la loi qui vient d'être promulguée en Angleterre sur le même sujet, parce qu'elle contient plusieurs nouveautés intéressantes.

Art. 1er. Seront punis d'une amende de 1 franc à 5 francs ceux qui seront trouvés en état d'ivresse manifeste dans les rues, chemins, cafés, cabarets ou autres lieux publics.

Seront applicables les articles 474 et 483 du Code pénal[1].

Art. 2. En cas de nouvelle récidive, conformément à l'article 483, dans les douze mois qui auront suivi la deuxième condamnation, l'inculpé sera traduit devant le tribunal de police correctionnelle et puni d'un emprisonnement de six jours à un mois et d'une amende de 16 à 300 francs.

1. Code pénal. — Art. 474. La peine d'emprisonnement contre toutes les personnes mentionnées en l'article 471 aura toujours lieu, en cas de récidive, pendant trois jours au plus (l'article 471 vise quinze catégories de personnes; la présente loi de 1873 en ajoute une seizième). — Art. 483. Il y aura récidive dans tous les cas prévus par le présent livre (ou par la loi de 1873) lorsqu'il a été rendu contre le contrevenant, dans les douze mois précédents, un premier jugement pour contravention de police commise dans le ressort du même tribunal. L'article 463 (circonstances atténuantes) du présent code sera applicable à toutes les contraventions ci-dessus indiquées (même en cas de récidive).

Quiconque se rend de nouveau coupable du même délit dans les douze mois qui auront suivi la dernière condamnation, sera condamné au maximum des peines indiquées dans l'alinéa précédent, lesquelles pourront être élevées jusqu'au double.

Art. 3. Toute personne qui aura été condamnée deux fois en police correctionnelle, pour délit d'ivresse manifeste, sera déclarée, par le second jugement, incapable d'exercer les droits suivants :

1° De vote et d'élection ;

2° D'éligibilité ;

3° D'être appelée ou nommée aux fonctions de juré ou autres fonctions publiques ou aux emplois de l'Administration ou d'exercer ces fonctions ou emplois ;

4° De port d'armes, pendant deux ans, à partir du jour où la condamnation sera devenue irrévocable.

Art. 4. Seront punis d'une amende de 1 à 5 francs les cafetiers, cabaretiers ou autres débitants qui auront donné à boire à des gens manifestement ivres ou qui les auront reçus dans leurs établissements, ou qui auront servi des liqueurs alcooliques à des mineurs âgés de moins de 16 ans accomplis. Toutefois, dans ce dernier cas, le débitant sera admis à prouver qu'il a été induit en erreur sur l'âge du mineur ; s'il fait cette preuve, aucune peine ne lui sera applicable de ce chef.

Seront applicables les articles 474 et 483 du Code pénal.

Art. 5. En cas de nouvelle récidive dans les douze mois qui auront suivi la deuxième condamnation, la peine sera de six jours à un mois d'emprisonnement et de 16 à 300 francs d'amende.

Une nouvelle récidive, après condamnation en police correctionnelle depuis moins d'un an, entraînera le maximum des peines indiquées dans l'alinéa précédent, lesquelles pourront être portées jusqu'au double.

Art. 6. Toute personne qui aura subi deux condamnations en police correctionnelle pour l'un des délits prévus en l'article précédent pourra être déclarée, par le second jugement, incapable d'exercer tout ou partie des droits indiqués en l'article 3. Dans le même cas, le tribunal pourra ordonner la fermeture de l'établissement pour un mois au plus, ou seulement interdire la vente des boissons à consommer sur place.

Art. 7. Sera puni d'un emprisonnement de six jours à un mois et d'une amende de 16 à 300 francs quiconque aura fait boire jusqu'à ivresse un mineur de moins de 16 ans accomplis.

Les récidives seront punies selon les articles 5 et 6.

Art. 8. Le tribunal correctionnel pourra ordonner que son jugement soit affiché publiquement.

Art. 12. Le texte de la présente loi sera affiché à la porte de toutes les mairies et dans la salle principale de tous les débits de boissons.

Toute personne qui aura détruit ou lacéré le texte affiché sera condamnée à une amende de 1 à 5 francs et aux frais du rétablissement de l'affiche. Sera puni de même tout débitant chez lequel ledit texte ne sera pas affiché.

Art. 13. Les gardes champêtres sont chargés, concurremment avec les autres officiers de la police judiciaire, de rechercher les infractions à la présente loi, et d'en dresser procès-verbal.

Art. 37. Le Ministre des finances est chargé de

l'exécution du présent décret, qui sera publié au *Journal officiel* et inséré au *Bulletin des lois.*

Voici les résultats qu'a produits cette loi :

ANNÉES.	CONTRAVENTIONS jugées par le tribunal de simple police.	CONTRAVENTIONS connexes à des délits.	DÉLITS. (2e récidive.)	TOTAL.
1873	52,613	5,754	980	59,347
1874	73,779	8,606	4,033	86,418
1875	81,486	11,473	5.523	98,482
1876	75,034	11,239	5,287	91,560
1877	70,062	10,369	4,462	84.893
1878	59,779	8,575	3,618	71.972
1879	51,644	9,340	3,005	65,989
1880	49,073	9.040	2.601	60,714
1881	54,185	10,255	2,939	67.379
1882	55,298	10,266	3.370	68,934
1883	56,110	9,567	3,429	69,506
1884	54.943	9,535	3,594	68.072
1887	47.476	8.700	2,923	59,099
1888	45.817	8,596	2,833	57,246
1889	44.855	9.799	2,724	57,378
1890	49,167	9,869	3.012	62.048
1891	50.463	10.317	2.843	63.623
1892	48,996	12,218	2,668	63,882
1893	47.527	10.451	2,642	60,620
1894	51.277	10.899	2,954	65,430
1895	45.396	9.461	2,721	57,578
1896	31.163	9,267	2.797	43.227
1897	48.917	8.768	2,922	60.607
1898	49.878	8,391	3,486	61.755
1899	52.920	7,861	3.439	64.220
1900	53.759	8.126	3.299	65.184

Le classement des départements par ordre d'intensité apparente de l'ivresse publique, est à peu près celui de la consommation d'eau-de-vie. On trouve toujours au premier rang : le Finistère, la Seine-Inférieure, la Seine, le Rhône, Seine-et-Oise, l'Eure, l'Oise, la Loire-Inférieure, le Morbihan, l'Ille-et-Vilaine, les Côtes-du-Nord, la Marne, etc.

En Angleterre, dès 1828, des mesures ont été

prises contre l'ivrognerie. Nous avons sous les yeux la statistique des arrestations opérées à Londres chaque année depuis 1831, pour ivresse et scandale. En 1831 et 1832, il y en avait 21 pour 1.000 habitants. En 1833, 19 ; en 1834, 12. Puis les chiffres se poursuivent ainsi :

Londres. — Nombre moyen de personnes poursuivies par ivresse sur 1.000 habitants :

1835-39	12.84
1840-44	6.60
1845-49	7.58
1850-54	8.90
1855-59	6.74
1860-64	5.66
1865-69	5.48
1870-74	6.77
1875-79	7.53
1880-84	5.50
1885-89	4.33
1890-94	5.46
1895-99	7.26
1900	7.90
1901	7.70

Angleterre. — Nombre moyen de personnes poursuivies pour ivresse sur 1.000 habitants :

1857-61	4.28
1862-66	4.78
1867-71	5.47
1872-76	7.83
1877-81	7.25
1882-86	6.90
1887-91	6.19
1892-96	5.84

MM. Rowntree et Sherwell montrent que, en Angleterre, la fréquence des poursuites pour ivresse publique va en augmentant du sud au nord [1] (il faut mettre à part le pays de Galles).

1. Ces messieurs ne croient pas d'ailleurs à l'influence du climat sur l'ivrognerie.

Ils divisent encore l'Angleterre ainsi :

Angleterre. — Sur 1.000 habitants combien de personnes poursuivies pour ivresse en 1894 :

Ports de mer	12.60
Comtés miniers	11.36
Métropole	6.37
Villes manufacturières	4.70
— de villégiature	2.89
Comtés agricoles :	
Comtés limitrophes à Londres	2.45
du sud-ouest	2.09
de l'est	1.09
Angleterre et Galles	6.16

28 à 30 pour 100 des *offences* sont commises par des femmes. Cette proportion est encore plus élevée dans les grandes villes, mais elle diminue peut-être un peu depuis 20 ans. En 1875, 47 % des personnes arrêtées à Londres pour ivresse étaient des femmes; en 1895, 41; en 1897, 39. A Liverpool la proportion tombe de 26 (1876-80) à 24 (1891-95). A Manchester et Glasgow, il y a au contraire une légère augmentation.

Angleterre et Galles. — Nombre des décès attribués directement à l'intempérance :

(moyennes annuelles).

		Pour un million de vivants		Pour 100 combien de femmes
		masc.	fém.	
1877-81	1.071	60	25	31
1882-86	1.320	67	32	34
1887-91	1.710	79	42	36
1892-96	2.044	86	51	39

On retrouve presque exactement la même proportion de femmes que parmi les personnes arrêtées.

La loi du 10 août 1872, par son article 12, ordonnait

ceci : « Quiconque est rencontré en état d'ivresse, dans la rue ou dans d'autres lieux publics, que ce soient ou non des bâtiments,.., est passible d'une amende pouvant s'élever à 10 shellings pour la première contravention, à 20 sh. pour la deuxième dans l'espace de 12 mois, à 40 sh. pour la troisième ou les suivantes dans le même laps de temps » ; si l'individu ivre a sous sa garde une voiture, un cheval, du bétail ou une machine à vapeur, il est passible d'une amende de 40 sh. ou d'un mois de prison, au gré du juge.

Pour le cabaretier qui vend des spiritueux à une personne ivre, 10 livres d'amende ou 20 livres en cas de récidive. Même peine pour celui qui donne à boire à un agent de police ou cherche à le corrompre. Même peine pour celui qui permet le jeu ou toute autre distraction illicite. Même peine pour celui qui tolère que des prostituées se réunissent dans son local, que ce soit pour prostitution ou pour tout autre but. S'il fait de son local une maison de prostitution, 20 livres d'amende et déchéance irrévocable de sa patente, etc. (Une autre loi, en 1880, porte sur le même objet.)

Combien plusieurs de ces pénalités seraient utiles en France !

La loi sur les ivrognes d'habitude (*Habitual Drunkards Act*) adoptée provisoirement pour 10 ans en 1879, est beaucoup plus remarquable :

Cette loi permet, lorsqu'on a affaire à des ivrognes d'habitude (c'est-à-dire à des personnes qui, par suite de l'usage immodéré et habituel des boissons enivrantes, peuvent devenir dangereuses soit pour elles-mêmes, soit pour des tiers, ou qui ne sont pas en état de se gouverner et de diriger leurs propres affaires), de les séquestrer, sur leur propre demande adressée par écrit, appuyée par des témoins et certifiée par le juge de paix, pour une année au plus, afin de les soumettre à une cure.

Nous n'avons pas de données sur l'exécution et sur les effets de cette loi. Elle a été reprise en 1898, puis tout récemment par le *licensing Act 1902*, en vigueur depuis le 1er janvier 1903.

Nous avons sous les yeux le texte très copieux (comme toutes les lois anglaises) de cet acte. Nos lecteurs nous sauront gré de reproduire l'analyse qui en a été faite par l'un des hommes qui comprennent le mieux le danger de l'alcoolisme, le Dr Legrain :

« Elle constitue un progrès, parfois même très hardi, sur le passé. Il faudrait de longues pages pour l'examiner à fond et seulement faire l'histoire des différentes lectures qu'elle a eu à subir devant le Parlement anglais. Je me bornerai à signaler les applications les plus nouvelles et les plus originales.

« La loi de 1902 comporte trois grands chapitres : dans une première partie, elle s'occupe de l'ivresse publique et de ses conséquences ; la deuxième comporte des amendements à l'ancienne loi des licences (1872) ; la troisième a trait à la réglementation des clubs. C'est la première partie qui est, de beaucoup, la plus intéressante pour le monde de la tempérance. En voici les principales dispositions.

« Autrefois, un citoyen ne pouvait être arrêté pour simple ivresse. Il pouvait être assigné et condamné à l'amende, mais c'était rare, car on le laissait bien tranquille s'il ne faisait pas de scandale.

« Aujourd'hui, la contravention est beaucoup plus sévère ; elle a des extensions et des sanctions beaucoup plus sérieuses. Toute personne en état d'ivresse et « incapable », qui a perdu toute spontanéité physique ou morale, peut être appréhendée. Et le pouvoir d'arrêter n'est pas accordé aux agents de la loi seulement. Il faut que l'ivresse se manifeste dans un lieu public, mais sous le nom de « *public place* » la loi entend, très largement, toute place où le public a accès, en payant ou non.

« Il suit de tout cela qu'un individu peut être appréhendé s'il s'est enivré chez lui et si son état l'oblige à recourir aux services d'une ou de plusieurs personnes. Il est clair que dans ce cas il est, aux termes de la loi, « incapable de prendre soin de lui-même » (*incapable of taking care of himself*).

« Curieuse disposition pour un peuple qui porte si haut le respect du *home!*

« Pour toute personne trouvée ivre sur les grands chemins ou dans tout autre lieu public, ou dans un cabaret, dès lors qu'elle a la charge d'un enfant apparemment de moins de sept ans, il n'est plus nécessaire de prouver qu'elle est « incapable ». Cette incapacité est prouvée *ipso facto* et l'amende ou l'emprisonnement s'ensuivent.

« Inutile d'insister sur la haute portée morale et protectrice de cette disposition.

« Si sévère qu'elle soit, la loi a pourtant quelque miséricorde et offre à l'ivrogne l'occasion de se réhabiliter s'il veut échapper à ses rigueurs. C'est vraiment une considération élevée que celle où l'on trouve juxtaposée, à côté de la rigueur pénale, le moyen pour le coupable d'y échapper. Le législateur n'a pas perdu de vue son rôle moral. C'est ainsi que l'ivrogne peut s'engager à acheter une conduite et qu'il échappe ainsi à la sanction pénale, momentanément du moins. On peut, suivant le cas, exiger de lui une sorte de cautionnement, qui constitue, en quelque sorte, une amende provisoire.

« La loi fixe un certain nombre de cas particuliers, dans lesquels elle devient surtout applicable. Elle en emprunte la nomenclature à l'*Inebriates Act* de 1898 (loi sur l'internement des buveurs d'habitude). Ce sont nommément : l'ivresse publique avec extravagances et scandales, l'ivresse quand on a charge d'un cheval attelé; l'ivresse quand on porte des armes à feu; le refus de quitter un débit; la persistance à vouloir entrer en état d'ivresse dans un bateau ou le refus d'en sortir dans les mêmes conditions, etc.

« La nouvelle loi dispose que le fait de conserver dans un débit une personne ivre, quand même on ne continuerait pas à la servir, constitue un délit. Les intéressés devront faire la preuve qu'ils ont tout tenté pour se débarrasser de l'ivrogne; s'il est établi que le cabaretier a servi des boissons à un homme ivre, cela suffit pour établir qu'il n'a pas fait le nécessaire pour prévenir l'ivrognerie. Dans tous ces cas, il est poursuivi.

« Les dispositions réglant les rapports réciproques des époux adonnés à la boisson ont une valeur considérable. La section 5 prévoit la protection de l'époux ou de l'épouse non buveur contre le conjoint qualifié « *buveur d'habitude* ». On sait que sous ce terme il faut entendre, suivant la loi anglaise de 1898, toute personne qui, sans être justiciable de l'asile d'aliénés, est nécessairement, du fait de son intempérance coutumière des intoxicants, incapable de se diriger et de diriger ses affaires. Le mot intoxicant ne comprend pas seulement les boissons alcooliques, mais tout toxique, comme la morphine, capable d'entraîner le même résultat. C'est, croyons-nous, là première législation visant aussi directement les morphinomanes, éthéromanes et autres passionnés de poisons cérébraux.

« Anciennement, la femme seule pouvait demander protection contre le mari ivrogne. La loi nouvelle donne les mêmes droits au mari. La séparation peut être prononcée, que la femme vive avec son mari ou loin de lui. Mais avant de prononcer la séparation, la Cour pourra, si la femme y consent, ordonner qu'elle sera transférée dans une maison consacrée à la cure des buveurs. Il est bon de tout tenter avant de prononcer la séparation. La bonne conduite et le traitement sont, aux yeux du législateur, des ressources d'importance.

« Je touche maintenant à la disposition la plus nouvelle et la plus originale de la loi. C'est la constitution d'une *liste noire* (*black list*), sorte de répertoire sur lequel la police couche avec leur signalement, tous les buveurs d'habitude, non pas, comme on a pu le supposer, dans le but immoral de les stigmatiser et de leur faire une honte publique, mais dans le but très louable de les protéger eux-mêmes contre toutes les tentations coupables de la part des cabaretiers dont ils sont la proie habituelle.

« Il est bon de rappeler ici le dispositif de la loi de 1898, sur l'internement des buveurs délinquants. Cette loi dispose que tout délinquant, punissable d'emprisonnement ou de servitude pénale, dont l'acte a été commis sous l'empire de l'ivresse, est interné pour trois ans dans une maison de traitement pour les buveurs. Elle dispose encore que tout buveur d'habitude qui a été condamné pour ivresse trois fois dans une année, s'il est reconnu pour être un buveur d'habitude, est envoyé pour trois ans dans un asile de buveurs.

« Eh bien! en vertu de la section 6 de la nouvelle loi, le buveur précité, au lieu d'être expédié dans un asile, est inscrit sur la *liste noire* et il lui est dès lors interdit, sous peine de poursuite, de faire acquisition de boissons enivrantes. Il est, de même, fait défense à tout débitant sur place de lui délivrer ces mêmes boissons.

« Tout buveur, qui tombe sous la loi de 1898, est signalé à l'autorité de police qui examine le cas. Si alors il est inscrit sur la liste noire, la police en donne avis à tous les cabaretiers dont il est l'hôte habituellement connu. Dès lors, si le cabaretier le reçoit, le délit est commis. Le buveur est connu de la police locale et dès qu'il est aperçu dans une maison publique, la police a mission d'interdire au cabaretier de le servir et d'avertir celui-ci qu'il tombe sous le coup de la loi.

« Le buveur ainsi désigné et prévenu, est passible d'une peine s'il reçoit ou tente même de recevoir des boissons toxiques dans un débit sur place ou à emporter.

« La loi n'a pas voulu seulement atteindre le professionnel qui abuserait du buveur d'habitude. Très morale d'intention sinon pratiquement, elle englobe dans les mêmes poursuites toute personne qui, sympathisant avec le buveur d'habitude, est convaincue de l'avoir en quelque sorte encouragé en lui procurant les boissons interdites.

« Telles sont les grandes lignes du premier chapitre de la loi, le plus important.

« Les deux autres n'offrent pour les antialcooliques qu'un intérêt moindre. Ils modifient, en les rendant plus sévères, les conditions requises pour obtenir une licence, se préoccupent de la salubrité des locaux, des droits des magistrats chargés d'accorder ou de refuser les licences; enfin ils assimilent les clubs à des cabarets et leur imposent une patente.

« Quelle que soit la valeur future de la nouvelle loi, on ne peut en méconnaître la haute portée morale. D'une application fort délicate et fort difficile, on peut cependant présumer qu'elle ne sera point lettre morte comme l'a été en France la très belle loi Roussel. Celle-ci, en effet, tombait comme une excellente graine dans un terrain social mal préparé. Tous ceux qui, chez nous, avaient intérêt à la voir appliquer, n'ont pris conscience de leur intérêt que de nos jours. C'est pour ce fait qu'elle est tombée en désuétude [1]. En Angleterre, il n'en est pas de même. La loi nouvelle a été préparée, on peut le dire, sur la demande pressante des multiples Sociétés de Tempérance qui se chargent précisément d'ameublir le sol propre à recevoir la graine législative. Il y a là-bas des millions de citoyens dont ce sera désormais la tâche si désirée d'être les serviteurs de la loi et qui veilleront à ce qu'elle ne soit point lettre morte. Ainsi se prépareront des étapes nouvelles que l'on voit déjà très nettement se dessiner.

« Je ne puis m'empêcher d'insister, en terminant, sur le caractère très nettement philanthropique, je dirai très scientifique de la loi. Le buveur ne sera poursuivi et condamné que quand on aura épuisé les moyens propres à son relèvement. C'est une loi de protection de l'être humain que l'alcool fait déchoir; il est protégé parce qu'on a la notion très réelle qu'il

1. Cela est exagéré.

n'a succombé souvent que parce que de nombreuses tentations, des séductions inspirées par l'appât du gain, ont été semées comme à plaisir et imprudemment autour de lui. De là à associer le milieu social, non pas à des représailles, mais à une sorte d'expiation, de là à solidariser les non-buveurs avec les buveurs il n'y avait qu'un pas et ce pas, la loi anglaise l'a franchi.

« Le buveur d'habitude est classé sur une limite très incertaine entre la délinquance et la maladie. La loi opine de plus en plus dans le sens de la maladie et c'est merveille. Déjà la loi de 1898 inaugurait des asiles de buveurs pour les alcooliques réputés dangereux, voici maintenant que les simples buveurs d'habitude vont être justiciables, dans certaines conditions données, du traitement médical. On peut dire que le principe du traitement forcé de l'ivrognerie d'habitude est désormais inscrit dans la loi. Encore un pas, tous les buveurs invétérés, pour peu qu'ils se montrent « incapables », seront, sans autre condition, déférés à l'asile de traitement et l'Angleterre aura, comme l'Amérique, réalisé une réforme dont la France, hélas! n'aperçoit pas l'aurore. [1] »

Il sera intéressant de voir quels auront été les effets de cette loi, dans quelques années.

Notre appréciation préliminaire est que ces effets sur l'alcoolisme seront à peu près nuls. Nous souhaitons bien vivement que l'expérience nous donne tort.

1. *La Tempérance*, avril 1903.

CHAPITRE III

DU DEGRÉ D'EFFICACITÉ DE LA RÉGLEMENTATION DES CABARETS

Presque tous les pays réglementent les débits, leur interdisent de donner à boire à des personnes ivres, à des mineurs, etc.; les heures de fermeture sont fixées soit par la loi, soit par les autorités locales; dans les pays protestants, ils sont fermés pendant certaines heures le dimanche, ou même pendant toute la journée du dimanche. Nous avons vu qu'en Angleterre. on leur interdit — ce qui vaut mieux sans doute — de tolérer la prostitution, le jeu, etc.

Naturellement, aucune statistique ne peut nous renseigner sur le degré d'efficacité de ces mesures, mais le simple bon sens suffit pour montrer que ce sont des mesures de décence publique et non des mesures sérieuses contre l'alcoolisme.

CHAPITRE IV

DU DEGRÉ D'EFFICACITÉ DE LA LIMITATION DU NOMBRE DES DÉBITS.

Le promeneur qui voit, dans certaines villes, et même dans certains bourgs, un cabaret presque à chaque pas, est conduit tout naturellement à se demander si cette multiplication des débits n'est pas la cause de l'alcoolisme, et si en réduisant leur nombre, on ne réduirait pas, par cela même, la gravité du mal.

En ce moment même, un projet de loi, dû à M. Siegfried, a pour but de réduire en France le nombre des débits.

La question est de savoir si leur nombre prodigieux est la cause de l'alcoolisme, ou s'il en est seulement l'effet.

Existe-t-il même une relation quelconque entre la consommation et le nombre des débits? En certains pays tout au moins, cette relation n'existe pas. Il en est ainsi dans les pays où l'alcool est surtout consommé à domicile.

On a souvent remarqué que dans le Royaume-Uni, il n'existe pas de relation visible entre la consommation de l'eau-de-vie et le nombre des débits.

Voici quelques chiffres recueillis par la *National Temperance League* (1883) :

	NOMBRE absolu des débits de tout genre.	DÉBIT sur 10 000 habitants	LITRES d'eau-de-vie (56,9 d'alcool %) consommés par tête en un an.
	1879-80	1879-80	1881-82
Angleterre et Galles...	147.240	565	2.95
Écosse...............	12.972	346	7.95
Irlande...............	18.301	357	4.54
Total.........	178.513	511	3.73
	1896	1896	
Angleterre et Galles...	125.944[1]	411	»
Écosse...............	11.626	277	»
Irlande...............	18.532	407	»

On voit que le nombre des débitants est beaucoup plus grand en Angleterre que dans les deux autres royaumes, et pourtant la consommation y est bien moindre. Le nombre des débitants est plus faible en Écosse qu'en Irlande, et pourtant la consommation y est plus forte.

Les chiffres suivants appuient la même conclusion. Ils concernent l'Angleterre seule :

Angleterre et Galles.
Sur 10.000 habitants :

	Nombre d'auberges (1876)	Nombre des individus punis pour ivresse (1876)
Villes du Nord [2]..........	59.5	159.6
— du Midi [2]..........	69.7	44.8
Comtés du Nord..........	55.2	72.7
— du Midi..........	60.5	23.6

1. Dont 30.000 maisons de bière.
2. Il s'agit des villes de plus de 10.000 hab.

Le bureau fédéral de Suisse, dans son enquête internationale de 1880, était donc en droit de dire que « il ne paraît pas y avoir de connexité constante et directe entre l'ivrognerie et le nombre des établissements où l'on sert publiquement à boire ».

En Angleterre, MM. Rowntree et Sherwell remarquent que si le nombre des débits diminue, l'importance de chacun d'eux paraît avoir tendance à augmenter. Les *gin-palaces*, les *vaults* sont des créations modernes. Dans le centre de Londres, sur 250 *public-houses* examinés à ce point de vue,

97	avaient 1	ou 2	entrées sur la rue
61	—	3	—
65	—	4	—
18	—	5	—
4	—	6	—
3	—	7	—
2	—	8	—
Total 250	(en moyenne 3 entrées sur la rue)		

On a trouvé des résultats analogues dans d'autres parties de la ville. La question est de savoir si plusieurs cabarets de bas étage font plus de mal qu'un seul établissement somptueux.

En Suisse on a remarqué aussi que le nombre des cabarets n'est pas en relation avec l'importance de la consommation. Voici comment M. Kummer, alors directeur du bureau fédéral de statistique, et auteur principal de la très remarquable enquête intitulée « *Lois et expériences concernant l'alcoolisme* » (1884), s'exprimait au Congrès international d'hygiène et de démographie de La Haye (1884) :

« On met généralement les effets funestes de l'alcool en relation avec la fréquence des auberges, et on espère avoir raison de l'alcoolisme en réduisant le nombre de ces établissements. Or, en comparant nos résultats avec le nombre des auberges dans les différents cantons de la Suisse, nous avons trouvé que la plupart des cantons où l'alcool exerce le plus de ravages, ont relativement peu d'auberges, tandis qu'au contraire quelques cantons qui comptent un grand nombre de débits de boissons ne souffrent pas sensiblement du fléau. Nous avons fait la même expérience en comparant entre elles les anciennes provinces de la Prusse, en comparant les villes et comtés du nord de l'Angleterre avec ceux du sud, l'Angleterre avec l'Écosse et l'Irlande; partout nous avons trouvé que les contrées où les auberges sont le plus nombreuses ne sont pas celles qui souffrent le plus de l'alcoolisme.

« En ce qui concerne la Suisse, ce phénomène s'explique. Dans ce pays, les ravages de l'alcool proviennent moins de la consommation du vin ou de la bière que de celle de l'eau-de-vie, et comme cette dernière boisson est débitée non seulement dans les auberges, mais encore (du moins dans les contrées les plus infectées), pour ainsi dire, dans chaque maison, il est évident que ce n'est pas remédier au mal que de limiter le nombre des auberges. »

M. Kummer a fait une remarque analogue pour les Pays-Bas. Il a annoncé d'avance l'échec de la loi du 28 juin 1881 ; l'avenir devait lui donner raison. Nous en parlerons plus loin.

Aussi, deux ans plus tard, lorsque le législateur suisse résolut de combattre l'alcoolisme, il ne chercha pas à réduire le nombre des cabarets (voir p. 151). Il regarda cette mesure comme inutile.

Le législateur néerlandais crut au contraire qu'il fallait chercher le salut dans cette voie. L'expérience

Cantons suisses

	NOMBRE de débits pour 1.000 habitants (1882).	DÉCÈS causés directement par l'abus des spiritueux (1877-82) pour 1.000 habit.
Genève	15	7.5
Thurgovie	12	0.9
Schwyz	12	2.5
Appenzel R. I.	12	6.0
— R. E.	10	1.9
Grisons	10	2.7
Tessin	10	1.3
Zug	10	2.7
Glaris	9	1.9
Schaffouse	9	3.3
Neuchatel	9	10.2
Soleure	8	10.1
Bâle campagne	8	5.3
Zurich	8	2.8
Saint-Gall	8	2.0
Uri	8	2.9
Vaud	8	5.8
Unterwalden le Bas	8	3.3
— — le Haut	6	4.3
Bâle ville	6	4.3
Argovie	6	2.8
Valais	6	1.3
Lucerne	5	3.8
Fribourg	5	6.1
Berne	4	8.3

qu'il en a faite est extrêmement intéressante; le résultat ne fut pas tout à fait nul, mais il faut reconnaître qu'il n'est guère encourageant :

M. Van der Meulen (7ᵉ Congrès contre l'abus des boissons alcooliques, p. 346) expose qu'avant la loi du 28 juin 1881, le commerce des boissons était tout à fait libre aux Pays-Bas. Il y avait alors 42.000 cabarets dans les Pays-Bas. Dans l'espoir de restreindre la consommation, on résolut de diminuer le nombre des débits.

Cette loi décida donc que, pour vendre l'eau-de-vie en quantité moindre de 2 litres, il fallait l'autorisation du collège échevinal ; elle ne pouvait être donnée que jusqu'au maximum fixé par la loi (1 cabaret sur 500, 300 ou 250 habitants suivant l'étendue de la commune). A ce compte il ne devrait y avoir que 14.200 cabarets environ d'après la population de 1882 et 15.500 en 1896, la population s'étant accrue. Pour ménager les droits acquis, on décida que la réduction du nombre des cabarets au chiffre légal, pourrait ne s'effectuer qu'au bout de 20 ans.

Plus de 10.000 détaillants ne demandèrent pas de licence.

A la fin de 1896, il y avait encore 24.600 débits. En outre l'accise fut élevée : de 57 florins en 1884 à 60 florins, et en 1893 à 63 florins par hectolitre d'alcool à 50 %. Le commerce du vin et de la bière resta libre.

Le droit de licence fut en même temps rehaussé (le minimum est de 25 florins depuis 1895; le maximum de 12,50 florins par 50 florins de loyer).

Par ces mesures, on espérait restreindre la consommation. Elle baissa en effet, mais bien peu : de 9 litres 46 d'eau-de-vie à 50 % par tête d'habitant, elle passa à 8^{l},66 en 1896, et 8^{l},05 en 1899. C'est un bien faible résultat.

M. Van der Meulen accompagne son travail d'un tableau que nous résumons ainsi :

		NOMBRE de cabarets pour 1.000 habit.	LITRES d'eau-de-vie (50 % d'alcool) consommés par tête d'habit
Brabant septentrional	1882	11.1	6.75
	1896	7.5	7.22
	Diff.	— 3.6	+ 0.47
Gueldre	1882	7.1	8.83
	1896	5.0	8.50
	Diff.	— 2.1	— 0.33
Hollande méridionale	1882	6.1	11.36
	1896	3.8	9.83
	Diff.	— 2.3	— 1.53
Hollande septentrionale	1882	5.8	12.55
	1896	3.9	10.13
	Diff.	— 1.9	— 2.42
Zeelande	1882	8.4	5.90
	1896	5.5	5.81
	Diff.	— 2.9	— 0.09
Utrecht	1882	7.0	11.15
	1896	4.6	9.98
	Diff.	— 2.4	— 1.17
Frise	1882	7.6	8.11
	1896	5.3	6.16
	Diff.	— 2.3	— 1.95
Overijssel	1882	6.4	8.75
	1896	4.8	9.68
	Diff.	— 1.6	+ 0.93
Groningue	1882	10.8	11.72
	1896	7.0	10.69
	Diff.	— 3.8	— 1.03
Drenthe	1882	8.5	7.32
	1896	5.45	7.58
	Diff.	— 3.05	+ 0.26
Royaume	1882	8.0	9.46
	1896	5.0	8.66
	Diff.	— 3.0	— 0.80

Le tableau original comprend les chiffres de chaque année. Ils sont intermédiaires entre la première et la dernière.

On voit par ce tableau, 1° que, en 1882, il n'y avait

aucune relation entre la consommation et le nombre des cabarets. A vrai dire, Groningue avait à la fois beaucoup de cabarets et une forte consommation; mais il est seul où ces deux maxima coïncident; les deux Hollandes, Utrecht et Overijssel ont peu de cabarets et pourtant une forte consommation. Au contraire, le Brabant et Limbourg ont beaucoup de débits et une faible consommation. Zeelande et Drenthe sont à peu près dans le même cas. Restent la Frise et Gueldre, qui ont des chiffres moyens et dont on ne peut rien dire.

2° La loi a fait diminuer partout le nombre des débits. Cependant, dans trois provinces, la consommation a légèrement augmenté, et parmi elles se trouvent le Brabant et Drenthe où le nombre des débits avait beaucoup décru. Dans Zeelande la consommation est restée stationnaire, malgré une forte diminution du nombre des débits. Dans les six autres provinces il y a eu diminution plus ou moins sensible de la consommation, mais ce ne sont pas celles où les débits ont le plus diminué de nombre; parmi elles, Groningue est la seule où, le nombre des débits ayant très sensiblement diminué, la consommation ait baissé notablement; il est vrai qu'en 1882, cette province présentait, dans les deux colonnes, des chiffres très élevés.

En résumé, quoique la loi ait eu pour effet de réduire des $\frac{3}{8}$ le nombre des débits, la consommation de l'alcool n'a diminué que fort peu, et M. Van der Meulen a pu conclure qu'en Hollande, le décroissement du nombre des cabarets n'amène pas nécessairement le décroissement de la consommation.

Peut-on même dire qu'il y ait eu diminution dans

la consommation? Il est fort possible que la fraude ait augmenté à mesure que la restriction du nombre des cabarets la rendait plus profitable.

Enfin, comme le fait très bien remarquer M. H.-W. Methorst (*Congrès d'hygiène et de démographie de Paris*, 1900, p. 996), on avait déjà vu, aux Pays-Bas, la consommation de l'eau-de-vie s'abaisser sans aucune intervention légale. De 1833, où elle était, d'après cet auteur, de 11 litres, elle s'abaisse lentement jusqu'en 1847 (6 litres), puis elle se relève jusqu'en 1877, où elle est d'environ 10 litres, pour s'abaisser à nouveau ensuite. Cette diminution avait déjà précédé la loi de 1881; elle a continué ensuite. Mais il est douteux que cette loi y ait contribué.

En Allemagne, la loi du 21 juin 1869, confirmée sur ce point par les lois du 23 juillet 1879 et du 1er juillet 1883, prescrit que « le commerce en détail de l'eau-de-vie et de l'alcool doit être autorisé par la police ».

Peut-être en France la question ne se présente-t-elle pas sous le même aspect que dans les pays dont nous venons de parler.

Jusqu'à présent, la consommation de l'eau-de-vie se fait presque exclusivement au cabaret, comme le montrent les chiffres suivants, qui sont relatifs à 1895.

Hectolitres d'alcool consommés dans les débits.	1.228.514
— — — par des consommateurs s'approvisionnant directement en gros.	140.067
— — — à Paris (la distinction n'est pas faite).	180.434
Total.	1.549.015

Il est vrai que les acheteurs au litre (à emporter) sont comptés nécessairement sous la première rubrique.

Voici une autre décomposition de ce chiffre :

Consommés sur place	98.989.417 litres	64 %
Au détail, à emporter	37.869.203	24
En gros	18.046.180	12
	154.904.500	100

Il est fort possible que cette situation tende à se modifier en pis. Les petites distilleries, celles des bouilleurs de cru, tendent, dans toutes les parties de notre pays, à augmenter la consommation de l'eau-de-vie à domicile.

Même si l'on ne considère que l'eau-de-vie imposée (sans s'occuper du privilège des bouilleurs de cru), on voit que l'augmentation du nombre des débits (si énorme qu'elle soit) est tout à fait hors de proportion avec l'augmentation de la consommation d'eau-de-vie. C'est ce qui ressort avec évidence du diagramme ci-contre

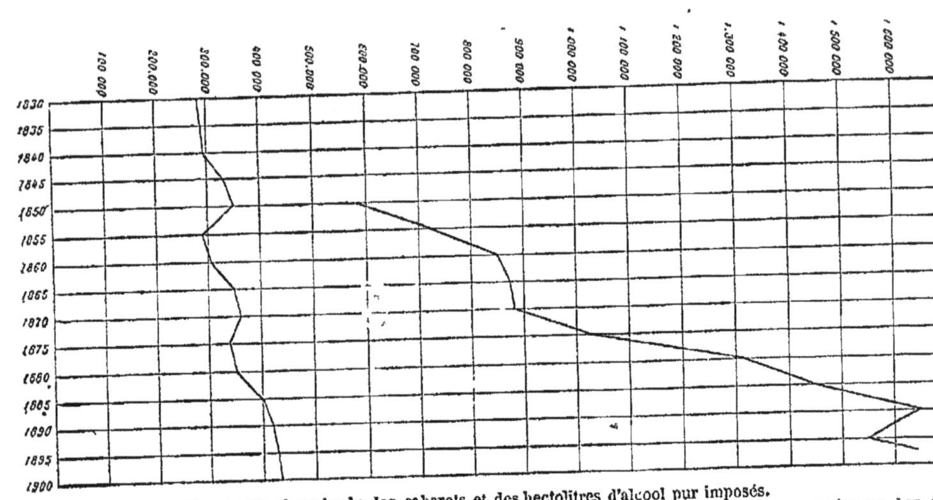

France. Nombre absolu des cabarets et des hectolitres d'alcool pur imposés.

Le trait inférieur indique le nombre absolu des debits (Paris non compris) en chacune des années marquées au bas de la figure (1mm. = 10.000 débits).

Le trait supérieur indique le nombre absolu des hectolitres d'alcool pur (100°) « imposés » (non comprises les quantités consommées en franchise par les bouilleurs de cru) en *chacune* des années marquées au bas de la figure (1mm. = 10.000 hectol.).

Il n'est pas tenu compte dans ce diagramme des années intermédiaires.

Ce diagramme est intéressant à examiner de plus près. Lorsqu'on regarde le trait inférieur (relatif au nombre des débits) on voit l'influence de la loi de 1851 qui, dans un but purement politique d'ailleurs, soumettait l'ouverture des débits à l'autorisation administrative, et les livrait à la discrétion des préfets qui pouvaient leur retirer l'autorisation *ad nutum*. De 350.000 leur nombre tombe à 290.000. La consommation de l'eau-de-vie en est-elle diminuée? Loin de là, elle passe de 585.000 à 850.000 hectolitres (alcool pur). Assurément ce n'est pas parce que le nombre des débits a diminué que la consommation a augmenté, mais il n'a pas empêché cette augmentation de se produire.

Nous expliquons plus loin que l'accroissement de la consommation s'explique mieux par la crise viticole qu'a provoquée l'oïdium. Cet ennemi de la vigne ayant été vaincu, la consommation de l'eau-de-vie n'a pas diminué, car le terrain gagné par l'eau-de-vie ne se perd pas facilement, — mais elle a cessé de s'accroître pendant quelques années, pour faire ensuite de nouveaux progrès.

Vient la loi funeste de 1880. Comme il est reconnu que la libre concurrence « est l'âme du commerce », on a accordé ce bienfait au plus funeste de tous les commerces. Il en est résulté un accroissement sensible du nombre des débits qui s'élève de 350.000 à 435.000, ainsi qu'on le voit sur notre diagramme. La consommation de l'alcool a continué à s'accroître avec une rapidité effrayante, mais non pas plus vite qu'auparavant.

Il ne semble donc pas que la limitation du nombre des débits doive rendre les services qu'on en espère.

Cela s'explique aisément :

La longueur totale des rues de Paris est de 992 kilomètres. Elles sont ornées d'environ 32.000 débits, soit en moyenne 1 débit tous les 31 mètres. Réduisez ce nombre de moitié ou des trois quarts. Aurez-vous sérieusement fait obstacle à la consommation de l'alcool? Au lieu d'un débit tous les 31 mètres, vous en aurez un tous les 62 mètres ou tous les 124 mètres. La différence des deux distances est trop insignifiante pour qu'on en parle.

Il en est exactement de même dans les villages. Le même raisonnement leur est rigoureusement applicable.

La situation change, il est vrai, en rase campagne. Mais alors une autre objection surgit. Le voyageur, même le plus sobre, ne regrette pas toujours de rencontrer sur le haut d'une côte ensoleillée, un endroit où il puisse se reposer et se rafraîchir. La suppression de ces débits clairsemés rendrait peu de service à la cause de l'anti-alcoolisme. Ils existent même dans les pays où l'alcool est le plus rigoureusement combattu, et même en Norvège. Mais les lois y sont telles que ce n'est pas de l'alcool qu'ils offrent au piéton fatigué par le soleil ou glacé par la neige.

Ainsi, la limitation du nombre des débits n'est pas, à elle seule, une mesure suffisante pour enrayer l'alcoolisme. Si cette mesure est pourtant désirable, c'est seulement pour ouvrir la voie à des réformes plus profondes.

M. Siegfried a présenté dans ce sens au Sénat, en 1899, une proposition de loi qu'il avait préalablement fait discuter par le Conseil de la Ligue nationale contre l'alcoolisme. Voici les principales dispositions de cette très intéressante proposition de loi, qui d'ailleurs est restée jusqu'à ce jour à l'état de projet.

« Art. 1er. — A partir de la promulgation de la présente loi, toute personne qui voudra ouvrir... un débit de boissons à consommer sur place devra être autorisée... par le préfet après avis de la commission départementale du Conseil général et du procureur de la République... Aucun débit à consommer sur place ne pourra être établi dans des locaux consacrés à un autre commerce, ou communiquant avec ceux où le débit est installé.

« L'autorisation sera subordonnée, jusqu'à ce que le nombre des établissements ait été réduit au chiffre fixé par l'article 2, à la condition de racheter un ou plusieurs débits existant à titre permanent à Paris dans l'arrondissement, et ailleurs dans le canton.

« Les débitants actuels ne sont pas soumis à l'autorisation.

« Toute mutation par voie de cession entraîne une autorisation nouvelle.

« En cas de décès ou d'incapacité personnelle du débitant, le successeur du gérant devra être agréé par... le préfet...

« Aucun débit actuellement existant ne pourra être déplacé sans autorisation.

« Aucune autorisation de déplacement ne sera donnée si le débit pour lequel on la demande est joint à un autre commerce, et si ce débit existe depuis moins de 5 ans.

« Art. 2. — Tant que le nombre des débits sera supérieur à un pour 300 habitants, il ne pourra être accordé qu'une autorisation pour trois vacances, à Paris dans l'arrondissement, et pour les départements, dans le canton.

« Lorsque le chiffre ci-dessus sera atteint, il ne pourra être accordé d'autorisation qu'en remplacement d'un débit existant.

« Tout débit qui, par suite de décès, faillite, cessation de commerce ou autre cause, a cessé d'exister depuis plus de six mois, est considéré comme supprimé et ne peut plus être transmis...

« Art. 7. — ..... Les maires pourront interdire l'emploi des femmes autres que la femme ou les filles du débitant dans les locaux destinés au public.

« Art. 10. — Tous cafetiers, cabaretiers et autres débitants de boissons à consommer sur place qui fourniront sciemment à des femmes ou filles de débauche, employées ou non dans leurs établissements, le moyen de s'y livrer à la prostitution, seront condamnés à un emprisonnement de 3 mois à 2 ans, et à une amende de 100 à 1.000 francs.

« La fermeture du débit sera ordonnée. »

Les autres articles de la proposition de loi sont consacrés aux pénalités destinées à sanctionner la loi.

Tels sont les principaux traits de cette proposition. Elle repose sur une conception très ingénieuse. Afin de contenter « le grand électeur », tout en limitant ses opérations, on lui concède le privilège précieux d'hériter de la clientèle de ceux de ses confrères qui cesseront leur commerce. Il est assuré que de nouveaux concurrents ne lui surgiront pas.

Ce gâteau jeté à Cerbère n'a pas suffi, paraît-il, pour l'amadouer ; il est habitué à mieux. Pour cette raison ou pour d'autres, le projet Siegfried, malgré son importance pour l'avenir du pays, est resté « à l'étude ».

Dans plusieurs des États-Unis, on a voulu réduire

le nombre des débits, en élevant prodigieusement le prix des licences. C'est le Nebraska qui, en 1881, a donné le premier exemple.

Nous étudions ce genre de réforme dans le chapitre suivant.

CHAPITRE V

DU DEGRÉ D'EFFICACITÉ DE L'ÉLÉVATION DES LICENCES PAYÉES PAR LES DÉBITANTS

Aux États-Unis, tout débit doit payer 125 francs par an au Trésor fédéral. En dehors de cette somme, il peut payer une licence plus ou moins élevée au Trésor de l'État où il se trouve. Ces licences sont généralement très élevées, notamment dans le Massachusetts, Minnesota, Missouri, Pennsylvanie, Nebraska, New-York, etc.

Nous nous attacherons plus particulièrement à l'exemple de la Pennsylvanie.

La délivrance des licences, depuis 1888, appartient à la *Court of quarter sessions* qui détermine le nombre des licences à accorder, et qui a le pouvoir de les révoquer tous les ans. Chaque licence coûte 1.000 dollars (soit 5.000 francs), ou moins suivant l'importance de la localité; en outre, le tenancier doit fournir un cautionnement de 2.000 dollars; ce n'est pas tout; il faut que deux propriétaires du voisinage se portent garants pour la même somme, de la stricte exécution de la loi (fermeture le dimanche et les jours d'élection; interdiction de servir un adulte ivre, ou un mineur, etc.).

Voici le résultat :

Ville de Philadelphie.

	NOMBRE des licences.	NOMBRE DES ARRESTATIONS pour ivresse.	pour toute cause.
Avant la loi :			
1887	5.773	34.037	57.944
Après la loi :			
1888	1.343	24.923	46.899
1889	1.204	20.097	42.673
1890	1.473	21.661	40.148
1891	1.253	24.785	53.184
1892	1.388	26.404	52.944
1893	1.632	28.095	57.297
1894	1.662	28.230	61.478
1895	1.677	27.077	60.347
1896	1.662	23.107	58.072
1897	1.638	25.174	62.628

On voit l'énorme diminution du nombre des débits. Naturellement ce sont les plus misérables qui ont été forcés de fermer; ce sont surtout ceux des faubourgs; on ne leur a d'ailleurs accordé aucune espèce d'indemnité.

On prétend que ceux qui restaient ouverts avaient tout intérêt à être bien tenus, et qu'il était devenu très facile de les bien surveiller.

Le nombre des arrestations pour ivresse paraît avoir sensiblement diminué, et il est remarquable que cette diminution se soit maintenue.

Mais, comme toujours aux États-Unis, la loi n'est pas exécutée.

Les cabarets clandestins sont très nombreux; on prétend même qu'il y en a beaucoup plus que de « licences ». On ne les poursuit pas à cause de l'influence politique de ceux qui les tiennent, peut-être pour d'autres motifs encore.

Quant aux résultats financiers, ils sont excellents,

du moins à Philadelphie. Avant la loi, le produit des licences était de 300.000 dollars; après elle, en 1897, il s'élevait à 1.638.000 dollars.

Dans l'État de New-York, malgré l'énormité des droits de licence (800 à 1.000 dollars, suivant les cas, pour les débits ordinaires), la diminution du nombre des débits a été faible et n'a été qu'une mesure fiscale. Les localités ont l'*option locale*, mais elles perdent, en interdisant le commerce des alcools, le revenu dont les autres profitent.

Deux inconvénients principaux dérivent de l'exagération des droits de licence (indépendamment du développement des cabarets clandestins qui ne se verrait peut-être pas avec une police sérieuse).

Les débitants sont forcément de gros capitalistes dont le pouvoir politique ne le cède pas à celui des petits cabaretiers.

En second lieu, la nécessité de vendre beaucoup est, pour eux, d'une urgence tout à fait particulière.

CHAPITRE VI

DU DEGRÉ D'EFFICACITÉ DES IMPÔTS SUR L'ALCOOL

L'alcool, « cette bête de somme du budget », a les reins solides. Il est sans exemple jusqu'à ce jour qu'il ait cédé d'un litre sous le poids de sa charge fiscale, si écrasante qu'elle soit.

Il n'y a aucun rapport entre le poids de l'impôt et la consommation de l'alcool. On a beau charger le monstre, il progresse toujours!

En ce qui concerne la France, notre diagramme de la page 123 est bien démonstratif. Jusqu'en 1855, l'alcool ne payait que 37 fr. 40; on double, on quadruple la somme; peu importe, la consommation grandit toujours d'un pas égal et tranquille. Autant ajouter une plume à la charge d'un bœuf.

D'autres pays le chargent incomparablement plus qu'on ne le fait en France; on n'a jamais vu jusqu'à ce jour que la consommation en ait été diminuée. Lorsqu'elle baisse comme en Suède ou en Norvège, c'est pour d'autres motifs. Le poids de l'impôt lui est indifférent.

Le tableau suivant montre quelle a été depuis près d'un demi-siècle la progression de l'impôt sur l'alcool dans différents pays. Si on veut bien comparer ces chiffres à ceux de la consommation tels qu'on les trouve dans notre tableau, on verra la vérité de la proposition que nous formulons.

Impôt dont est frappé dans chaque pays[1] un hectolitre d'alcool pur (100°).

	1865[2]	1875[2]	1886[3]	1896[4]
Iles Britanniques[5]	477f	477f	477f19	489f20
Pays-Bas[6]	210	221	252	253
Etats-Unis[7]	250	192	215.36	219.50
Canada	—	188	210	—
Norvège	—	—	187.40	225
Russie	130	228	179.83	221
France[8]	90	156	156,25	156,25
Italie	—	—	150	110
Suède	—	104	145	140
Belgique[9]	64	88	128	128
Finlande	122	92	92	—
Allemagne	—	32	—	112.50
Autriche-Hongrie	—	—	26.75	98.40
Suisse[10]	—	—	—	87.36
Danemark	—	—	26.80	26.80

Voici sur l'Italie quelques détails complémentaires :

En Italie (comme d'ailleurs dans tous les pays, excepté en France, où on a voulu, par une aberration extraordinaire, donner des « facilités au commerce»), les droits se paient à la fabrication. Les droits sont remboursés, en grande partie, à l'exportation.

Toutefois aucune taxe n'est due par ceux qui,

1. Les lois fiscales ont ce caractère commun à tous les pays, d'être horriblement compliquées. Aussi ce tableau, très difficile à établir, ne peut être regardé que comme approximatif. Les droits d'octroi n'y sont pas compris.

2. Chiffres empruntés à *la Question de l'alcoolisme*. Exposé comparatif des lois et expériences de quelques États étrangers par le bureau fédéral de statistique. Berne, 1884.

3. Chiffres empruntés à Claude (des Vosges).

4. Chiffres empruntés à J. Denis.

5. *Iles-Britanniques*. L'impôt actuel dépasse 500 francs.

6. *Pays-Bas*. L'impôt avait été de 96 francs en 1862 et 148 francs en 1863.

7. *États-Unis*. L'impôt avait été abaissé à 132 francs en 1870.

8. *France*. La loi de 1900 a porté l'impôt à 220 francs.

9. *Belgique*. L'impôt a été porté successivement à 200 francs, et enfin à 300 francs, en février 1903.

10. *Suisse*. L'impôt, avant 1887, variait avec chaque Canton.

sans exercer aucun commerce de produits alcooliques, fabriquent de l'eau-de-vie avec des matières de leur propre fonds, en quantité de 50 litres par an au plus.

Jusqu'en 1885 les perceptions ont été les suivantes :

4 août	1870.	20 fr. par hectolitre d'alcool à		78°
3 juin	1874.	30	—	100°
10 juillet	1880.	60	—	—
2 avril	1883.	100	—	—

L'impôt rapportait 541.000 francs en 1871 et 13.933.000 francs en 1884.

Sur l'Angleterre aussi, notre tableau est trop bref. Nous empruntons le tableau suivant à M. Stourm; on y voit les variations de l'impôt sur l'alcool dans les Iles Britanniques jusqu'en 1886, et aussi quelques données sur les quantités taxées et le produit de l'impôt.

DATES.	IMPOT (en francs) frappant 1 hect. d'alcool pur.			DATES.	QUANTITÉS imposées et produit de l'impôt.	
	Angleterre.	Écosse.	Irlande.		Hectolitres d'alcool pur.	Produit de l'impôt (francs).
1825	333.96	135.49	135.49	1825	495.922	97.897.716
1830	358.01	159.16	159.16	1830	595.899	131.281.900
1835	—	—	111.45	1841	640.819	130.072.572
1840	374.01	175.19	127.48	1851	628.186	151.633.890
1842	—	—	175.19			
1843	—	—	127.48			
1853	—	222.00	159.18			
1854	—	286.25	190.83			
1855	381.67	381.07	294.27			
1858	—	—	381.07			
1860		477.19		1860	640.208	246.465.928
1886		477.19				

Ainsi les personnes qui croiraient qu'un impôt

quelconque peut diminuer, ou simplement arrêter la consommation, paraissent être dans une complète illusion. Tel est d'ailleurs l'avis de plusieurs parlementaires qui ont étudié la question.

« Il n'est nullement démontré que l'exagération des droits ait eu une action réellement restrictive sur la consommation. » (Claude des Vosges.)

CHAPITRE VII

LA CONSOMMATION DU VIN DIMINUE-T-ELLE CELLE DE L'EAU-DE-VIE?

C'est ce que pensait M. Lunier, l'un des premiers auteurs qui aient étudié les lois statistiques qui régissent la consommation des boissons.

Son avis a été partagé par des autorités considérables.

L'enquête de 1880 aboutit à cette conclusion : Affranchir complètement les boissons hygiéniques, vins, cidres, bières, et faire payer leur rançon par l'alcool en modifiant toutefois son mode de perception.

Léon Say, au contraire, dans le rapport de la Commission extra-parlementaire nommée en 1887, exprime la pensée que la loi peut agir de deux façons, pour restreindre la consommation : diminuer le nombre des débits, et rendre la boisson plus chère.

Nous venons de *voir*, malheureusement, que l'un des remèdes est à peu près aussi illusoire que l'autre.

On sait que des lois récentes — destinées à satisfaire les viticulteurs beaucoup plus qu'à combattre l'alcoolisme — ont eu en effet pour objet de dégrever les boissons prétendues hygiéniques. Il y a trop peu de temps qu'elles sont en vigueur pour qu'on on puisse dès à présent apprécier les effets. De longues périodes de temps sont indispensables pour qu'on puisse l'essayer avec quelque sûreté.

Le Dr Lunier s'appuyait surtout sur ce fait que les régions de la France où le vin est la boisson ordinaire, consomment incomparablement moins d'alcool que celles où le vin est peu répandu[1].

On remarque, en Autriche, une relation du même

Autriche. Production par tête d'habitant (1880).

	LITRES de vin.	LITRES d'eau-de-vie.	IMPOT sur l'eau-de-vie par tête, 1879.
Pays viticoles.			
Styrie	17.0	1.2	13c
Tyrol et Vorarlberg	10.0	0.5	6
Carniole	17.2	0.2	4
Littoral	30.7	0.1	2
Dalmatie	197.0	—	—
Pays non viticoles.			
Bohême	0.7	4.4	45
Moravie	1.6	3.0	40
Silésie	—	6.7	102
Carinthie	0.1	1.8	23
Galicie	—	3.0	46
Bukowine	—	6.6	62

1. Il ne faut pas confondre les quantités *imposées* et les quantités *consommées* dans chaque département. Les deux chiffres se ressemblent le plus souvent, mais ne sont pas identiques, et diffèrent assez sensiblement dans quelques départements.

Les quantités *imposées* dans un département, sont celles qui y ont payé les droits. Mais il peut se faire qu'ensuite elles soient expédiées et consommées dans un autre département.

Les quantités *consommées* sont calculées en tenant compte de ces déplacements. De plus on y ajoute la consommation des bouilleurs de cru (simplement évaluée).

Avant 1896 on ne faisait pas ce dernier calcul. Les quantités *imposées* étaient seules connues. C'est donc à tort que dans les publications plus anciennes, on a souvent écrit le mot *consommé* au lieu du mot *imposé*.

genre. Les pays qui fabriquent le plus de vin, sont ceux qui fabriquent le moins d'eau-de-vie et réciproquement (la consommation ne peut être précisée autrement)

La Basse-Autriche, qui contient Vienne, consomme de l'alcool quoique étant un peu vinicole. La Haute Autriche et Salzbourg n'ont pas de vin et consomment pourtant peu d'alcool (resp. 0,9 et 0,4). Les autres pays sont soumis à la règle formulée plus haut.

Dans le tableau suivant, on compare la quantité d'alcool imposée à la récolte de vin et à la récolte de cidre. Nous traduisons dans un diagramme ce qui se rapporte à l'eau-de-vie et au vin.

Considérons les faits d'abord dans leur ensemble, puis nous entrerons dans un peu plus de détail.

Ce qui frappe en premier lieu à l'aspect de ce diagramme c'est l'extrême irrégularité de la récolte du vin ; le fait est trop universellement connu pour que nous insistions. Au contraire, la consommation d'eau-de-vie augmente d'une façon presque ininterrompue.

Ce premier contraste nous montre tout d'abord que si une mauvaise récolte peut augmenter la quantité d'alcool consommée (ce que nous chercherons tout à l'heure), il est dès à présent certain que la réciproque n'est pas vraie, c'est-à-dire qu'une bonne récolte de vin ne fait pas diminuer l'eau-de-vie : les mauvaises habitudes peuvent se prendre quand le vin manque, mais ensuite elles ne se perdent plus; elles peuvent seulement s'aggraver à la prochaine crise vinicole.

Pour apprécier leur influence, il faut se rappeler que la récolte de vin s'annonçant en mai et se faisant

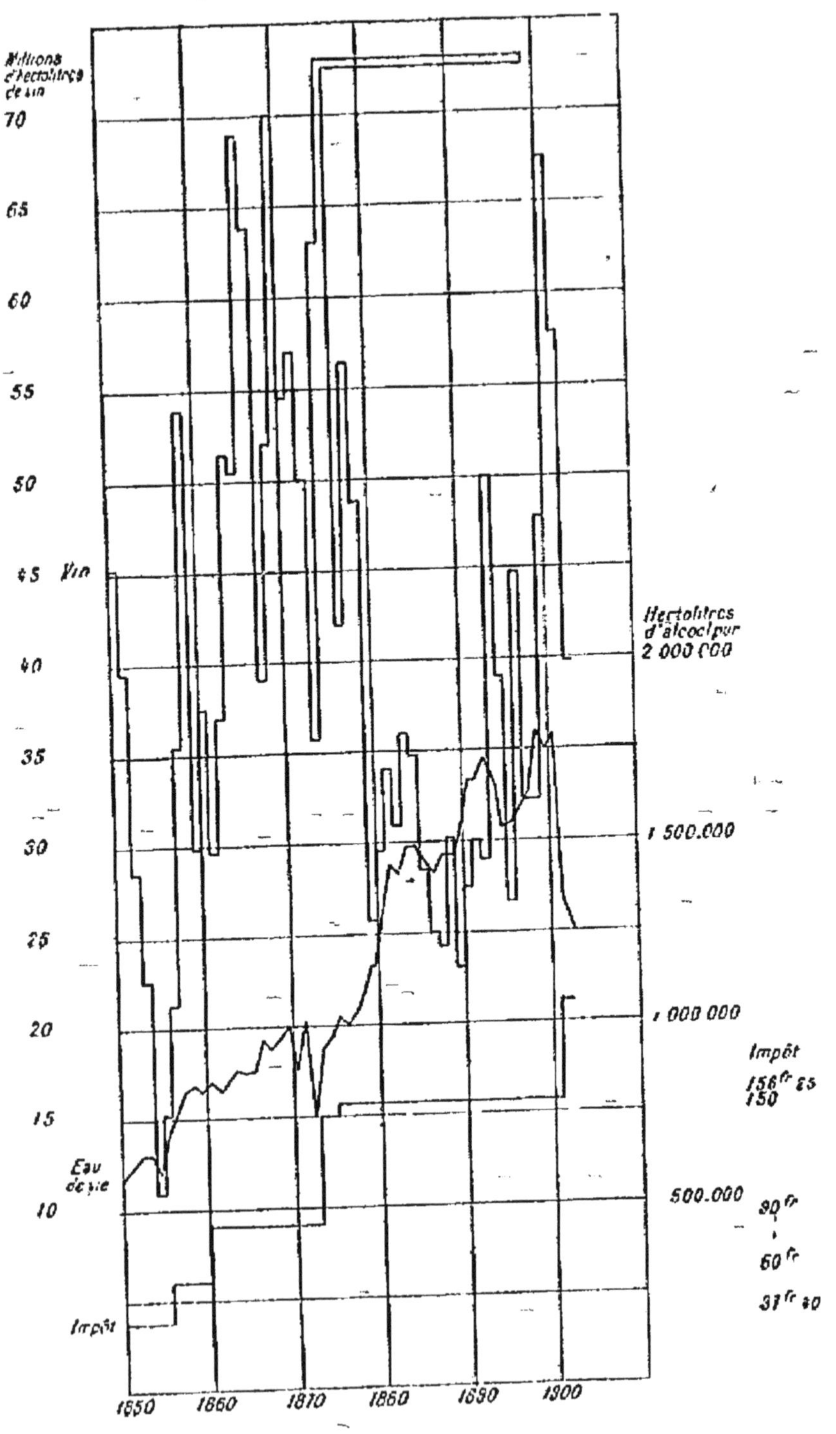
Millions d'hectolitres de vin
70
65
60
55
50
45 Vin
40
35
30
25
20
15
Eau de vie
10
Impôt
Hectolitres d'alcool pur
2 000 000
1 500.000
1 000 000
500.000
Impôt
156fr 25
150
90fr
60fr
37fr 40
1850
1860
1870
1880
1890
1900

France. — *Production d'alcool, de vin, de cidre. Prix et consommation des alcools, de 1850 à 1875.*

ANNÉES.	TOTAL de la FABRICATION.	PRIX MOYEN par hectolitre d'alcool.	QUANTITÉS IMPOSÉES.	QUOTITÉ moyenne par habitant.	POUR MÉMOIRE. — PRODUCTION des vins.	
					des vins.	des cidres.
	hectolitres.	francs.	hectolitres.	litres.	hectolitres.	hectolitres.
1850	940.000	56	585.200	1.46	45.266.000	16.181.000
1851	1.036.000	53	622.805	1.74	39.429.000	2.512.000
1852	697.000	110	648.810	1.81	28.636.000	18.428.000
1853	726.000	128	644.352	1.80	22.662.000	8.444.000
1854	914.000	214	601.699	1.68	10.824.000	8.615.000
1855	702.000	145	714.813	2.00	15.175.000	2.946.000
1856	704.000	111	768.394	2.13	21.294.000	3.782.000
1857	853.000	109	825.589	2.29	35.410.000	3.017.000
1858	958.000	70	842.691	2.34	53.910.000	4.297.000
1859	1.032.000	69	823.629	2.28	29.891.000	11.613.000
1860	873.000	82	851.825	2.27	37.558.000	14.593.000
1861	1.031.000	100	832.926	2.23	29.738.000	8.859.000
1862	1.018.000	74	857.592	2.29	37.110.000	7.937.000
1863	1.227.000	67	870.264	2.33	51.372.000	9.910.000
1864	1.353.000	82	870.223	2.33	50.653.000	11.644.000
1865	1.541.000	62	873.007	2.34	68.943.000	2.784.000
1866	1.391.000	44	964.223	2.53	63.838.000	14.675.000
1867	1.088.000	59	939.465	2.47	39.128.000	11.642.000
1868	1.292.000	64	971.317	2.54	52.098.000	11.696.000
1869	1.411.000	73	1.008.750	2.63	70.000.000	4.280.000
1870	1.237.000	57	882.790	2.32	54.535.000	19.194.900
1871	1.601.000	75	1.013.216	2.81	56.901.000	2.128.000
1872	1.891.000	54	755.464	2.09	50.155.000	4.597.000
1873	1.424.000	57	934.450	2.59	35.716.000	13.635.000
1874	1.532.000	73	970.599	2.69	63.146.000	13.312.000
1875	1.849.000	54	1.019.052	2.82	83.836.000	18.257.000

France. — *Production d'alcool, de vin, de cidre. Prix et consommation des alcools, de 1876 à 1901.*

ANNÉES.	TOTAL de la FABRICATION.	PRIX MOYEN par hectolitre d'alcool.	QUANTITÉS IMPOSÉES.	QUOTITÉ moyenne par habitant.	POUR MÉMOIRE. PRODUCTION des vins.	des cidres.
	hectolitres.	francs.	hectolitres.	litres.	hectolitres.	hectolitres.
1876	1.709.000	43	1.000.182	2.71	41.847.000	7.038.000
1877	1.309.000	68	1.029.683	2.79	56.405.000	13.345.000
1878	1.417.000	58	1.100.312	2.98	48.720.000	11.936.000
1879	1.488.000	63	1.461.649	3.22	25.770.000	7.738.000
1880	1.581.000	68	1.313.829	3.64	29.677.000	5.465.000
1881	1.822.000	63	1.444.055	3.91	34.139.000	17.122.000
1882	1.767.000	56	1.420.344	3.85	30.886.000	8.921.000
1883	2.011.000	50	1.484.020	3.96	36.029.000	23.492.000
1884	1.935.000	44	1.488.685	3.98	34.781.000	11.907.000
1885	1.864.000	47	1.444.342	3.86	28.536.000	19.965.000
1886	2.052 000	50	1.419.901	3.53	25.063.000	8.300.000
1887	2.005.000	49	1.467.630	3.84	24.333.000	13.437.000
1888	2.162 000	45	1.468.446	3.87	30.102.000	9.767.000
1889	2.246.000	49	1.516.927	4.00	23.224.000	3.711.000
1890	2.214.000	54	1.662.801	4.35	27.416.000	11.095.000
1891	2.208.000	49	1.669.184	4.37	30.139.000	9.280.000
1892	2.263.000	46	1.735.367	4.56	29.082.000	15.141.000
1893	2.476.000	41	1.642.366	4.32	50.070.000	31.609.000
1894	2.329.000	36	1.539.395	4.04	39.053.000	15.541.000
1895	2.166.000	31	1 549.045	4.07	26.688.000	25.587.000
1896	2.022 000	36	1.590.892	4.19	44.656.000	8.074.000
1897	2.208.000	42	1.633.968	4.28	32.351.000	6.789.000
1898	2.412.000	46	1.799.665	4.70	32.282.000	10.637.000
1899	2 600.000	42	1.754.868	4.59	47.908.000	20.836.000
1900	2.656 000	35	1.782.891	4.66	67.353.000	29.409.000
1901	2.438 000	28	1.316.635	3.52	57.964.000	12.734.000
1902	1.857.000	35	1.258.949	3.26	39.884.000	9.211.000

en septembre, c'est seulement vers la fin de l'année et surtout pendant l'année suivante que la rareté du vin se fait sentir quand la récolte est mauvaise. Nous devons donc nous attendre à ne voir augmenter la consommation d'eau-de-vie que pendant l'année qui suit la mauvaise récolte.

Deux grandes crises viticoles signalent la deuxième moitié du XIXe siècle, celle de l'oïdium et celle du phylloxera. Celle de l'oïdium (1851-57), beaucoup plus grave que celle du phylloxera, s'accompagne d'une augmentation sensible de la quantité d'alcool imposée qui passe de 622.805 hectol. en 1851 à 842.691 en 1858 (malgré la diminution du nombre des cabarets et malgré l'énorme augmentation des droits en 1855), soit une augmentation moyenne d'environ 31.000 hectolitres par an.

Cette augmentation reste ensuite un fait acquis, que ni les récoltes passables de 1858-62, ni les excellentes récoltes de la période de 1863-1878 ne corrigeront pas. Pendant cette longue période de vingt et un ans la quantité d'eau-de-vie imposée s'élève de 842.691 hectolitres à 1.161.649 hectolitres en 1879, soit une augmentation moyenne de 15.000 hectolitres par an (malgré l'augmentation des droits en 1860, 1871, 1873).

Vient ensuite la généralisation du phylloxera, qui fait sentir ses effets surtout de 1879 à 1892, c'est-à-dire pendant treize ans. La quantité d'eau-de-vie imposée s'élève de 1.161.649 hectolitres à 1.735.367 soit une augmentation prodigieuse qui atteint presque 44.000 hectolitres par an.

Hâtons-nous de dire que les années suivantes ont été un peu moins mauvaises. La récolte de vin en 1893 a été bonne et dès cette année, la consommation d'alcool *paraît*[1] baisser, la diminution a été plus sensible encore pendant les deux suivantes.

Résumons ce qui précède :

Crise viticole de l'oïdium (1851-57).

Quantité d'alcool imposée, 1851..	622.805 hect., soit	1l74 par tête		
1858..	842.691	—	2.31	—
Augm. par an 31.000 hect.		—	0.086	—

Période prospère au point de vue viticole (1858-78)

Quantité d'alcool imposée, 1858..	842.691 hect., soit	2l31 par tête		
1879..	1.161.619	—	3.22	—
Augm. par an 15.000 hect.		—	0.042	—

Crise viticole causée par la généralisation du phylloxera (1879-92)

Quantité d'alcool imposée, 1879..	1.161.619 hect., soit	3l22 par tête		
1892..	1.735.367	—	4.56	—
Augm. par an 41.000 hect.		—	0.103	par tête

Il semble bien, d'après ce qui précède, qu'une crise viticole prolongée accélère l'alcoolisation du pays. La crise passée, le mal reste acquis (au moins en grande partie; cette atténuation nous est commandée par la légère amélioration apparente de 1893-95).

Une longue période de temps est nécessaire pour juger ces résultats d'ensemble; les variations annuelles dans la quantité d'eau-de-vie imposée sont faibles et ne paraissent pas dépendre de la quantité de vin récoltée[2].

1. Ne pas oublier que nous ne pouvons tenir aucun compte, ici, des bouilleurs de cru.

2. Sans doute on peut remarquer que, pendant la période prospère 1858-78, il y a cinq années de récoltes sensiblement moins bonnes, ce sont 1859, 1861, 1867, 1873, 1876; et que chacune d'elles est *suivie* d'un petit accroissement dans la quantité de l'alcool imposé, mais c'est là une constatation de peu d'importance; d'autre part, l'an-

De ces faits on peut conclure que :

Les départements où le vin est la boisson habituelle, consomment beaucoup moins d'eau-de-vie que ceux où le vin n'est pas de consommation courante.

Une crise viticole grave et prolongée (celles qui ont été causées par l'oïdium et par le phylloxera) augmente la consommation de l'alcool. Mais celle-ci ne diminue pas lorsque la crise viticole est passée. L'eau-de-vie ne perd pas facilement le terrain qu'elle a conquis.

Une longue période de temps est nécessaire pour observer ces faits.

La France est peut-être le seul pays où l'on puisse observer avec succès l'antagonisme du vin et de l'eau-de-vie. En Italie et en Espagne l'eau-de-vie est trop peu répandue, dans les autres pays le vin est trop rare pour qu'on puisse les voir en lutte.

M. Claude (des Vosges) a cherché s'il y a de même antagonisme en Angleterre entre l'eau-de-vie et les boissons réellement hygiéniques telles que le thé. Voici les effets intéressants qu'il a recueillis :

née 1865, très abondante en vin, est immédiatement suivie d'un assez fort accroissement dans la quantité d'eau-de-vie imposée, etc. On ne s'explique pas trop la diminution de l'eau-de-vie pendant la fatale année 1854 où la récolte de vin fut à peu près nulle. En 1870, elle ne s'explique que trop par la difficulté de tenir une comptabilité exacte, mais comment l'expliquer en 1873 ? L'année extraordinairement abondante de 1875 fut suivie d'une imperceptible diminution de la quantité d'alcool imposée.

Enfin la récolte extraordinairement abondante de vin en 1900 et en 1901 a été suivie d'une très remarquable diminution dans la quantité d'eau-de-vie *imposée* en 1901 et 1902; celle-ci est revenue pendant ces deux années, à ce qu'elle était il y a vingt ans. Quelle est la part de la fraude dans cette diminution ? Puisse cette amélioration au moins apparente s'accentuer.

Iles Britanniques. — Boissons consommées.

	QUANTITÉS ABSOLUES.				PAR TÊTE [1].			
	1852	1862	1872	1882	1852	1862	1872	1882
Alcool pur (hectol.)...	787.760	629.580	961.440	965.620	2.86	2.15	2.95	2.73
Vins (hect.)..	288.148	443.285	761.130	650.990	1.04	1.51	2.39	1.84
Bieres (hect.).	27.440.000	31.531.000	46.060.000	44.177.000	99	108	144	125
Thé (kilogr.).	24.840.000	35.740.000	57.980.000	74.820.000	898	1221	1818	2121
Café (kilogr.).	15.846.000	15.250.000	14.126.000	14.190.000	547	534	452	401
Cacao (kilog.)	1.511.000	1.613.000	3.512.000	5.411.000	54	55	110	153

Ce tableau accuse, pour la bière et surtout pour le thé, une augmentation considérable; le thé est devenu une boisson nationale (en France, la consommation moyenne par tête est d'environ 15 grammes).

Quant à l'alcool, on ne peut dire (comme le pensait M. Claude) que la consommation en ait diminué; elle est restée stationnaire.

Le café a perdu du terrain, mais la consommation en est faible; celles du vin et du cacao sont insignifiantes.

1. En litres pour l'alcool, les vins et bières; en grammes pour le thé, le café, le cacao.

CHAPITRE VIII

DE LA SUPPRESSION DES PETITES DISTILLLERIES

Partout où on a eu le courage de supprimer les petites distilleries on s'en est bien trouvé, tant au point de vue fiscal qu'au point de vue de l'hygiène physique et morale.

Les pays qui ont fait cette expérience sont nombreux. Dans la plupart des pays, en effet, c'est une nécessité fiscale. L'impôt est payé à la fabrication; il faut donc que la fabrication soit étroitement surveillée.

C'est en Angleterre surtout que ce système a été poussé à ses extrêmes limites.

En Angleterre, l'impôt, excessivement élevé, est perçu à la sortie de la distillerie (sauf le cas d'exportation directe, ou de mise en entrepôt réel). Le système du crédit des droits (qui existe en France pour « faciliter le commerce ») n'existe pas en Angleterre. Il en résulte une charge considérable pour les distillateurs, obligés d'avancer les droits et de perdre ainsi les intérêts d'un gros fonds de roulement. Mais, par contre, les marchands en gros et les débitants ne détiennent plus que des alcools libérés.

La loi édicte contre la fraude quantité de mesures

rigoureuses (elles ont été qualifiées en France de tyranniques) qui ne peuvent être supportées que par de grandes usines. Les alambics ne peuvent être inférieurs à 18 hectolitres (moindres en Écosse et en Irlande); les tuyaux sont d'une seule pièce, visibles dans toutes leurs parties, etc. Aucun remplissage, aucun transvasement, ne peut être fait hors de la présence des employés du fisc, car les principaux passages que le liquide doit parcourir sont fermés par des cadenas, dont les employés ont la clé; le nombre de ces cadenas peut s'élever jusqu'à 120, « et ce n'est pas toujours, dit M. René Stourm, un petit embarras que de retrouver dans ce trousseau de clés, celle que l'on cherche ».

Ces prescriptions diverses contribuent toutes à ce résultat, qu'aucune distillerie secondaire ne peut s'établir. Et en effet, en 1882-83, il n'y avait que :

		dont chacune produit en moyenne	
13 distilleries	en Angleterre,		20.101 hect. (1)
125 —	en Écosse,		4.308
33 —	en Irlande,		7.160

Les distillations illicites, très sévèrement punies, ne paraissent pas nombreuses sauf en Irlande, si l'on s'en rapporte aux chiffres suivants :

Nombre de distillations illicites constatées.

	Angleterre.	Écosse.	Irlande.
1831	311	692	8.192
1841	213	177	2.574
1851	301	73	1.853
1861	81	19	2.757
1874	12	6	796
1881	6	13	782

1. Hectolitres d'alcool pur (100°) en un an.

La Suède a supprimé de même ses petites distilleries (non sans de grandes difficultés). Elles ont été supprimées de même en Norvège. En Suisse, lors de l'établissement du monopole, on a supprimé les petites distilleries d'eau-de-vie de grains ou de pommes de terre (on n'a pas osé jusqu'à présent s'attaquer aux autres).

Les petites distilleries sont un élément grave de corruption pour un pays. Échappant facilement à toute surveillance sérieuse, elles écoulent leurs produits dans leur voisinage immédiat, et mettent pour ainsi dire une bouteille d'eau-de-vie dans la blouse de chaque paysan.

En France, on sait qu'on n'ose pas les atteindre. On l'a fait pourtant, incomplètement d'ailleurs, au lendemain de la guerre. Les nécessités fiscales étaient telles qu'il a fallu s'attaquer à cette puissance. Le résultat financier fut remarquable. La loi du 2 août 1872 avait supprimé le privilège des bouilleurs de cru, tout en leur accordant 40 litres d'alcool pur pour leur consommation domestique. Le résultat fiscal de cette mesure fut inespéré : l'année suivante la perception de la régie avait augmenté de 30 millions (et de 40 peu de temps après). M. Magne, ministre des finances, déclarait que la loi de 1872 avait produit des résultats extraordinaires, auxquels il était loin de s'attendre. « Avec cette loi, ajoutait-il gaîment, nous avons du pain sur la planche. »

Malheureusement le beau zèle de l'Assemblée ne dura guère. Trois ans après, lorsqu'il fallut reparaître devant les électeurs, soit en décembre 1875 (les élections avaient lieu en février 1876), l'Assemblée résolut de rétablir le privilège des bouilleurs de cru. Léon Say, ministre des finances, déclarait le 13 décembre

1875 que cette mesure coûterait au Trésor 46 millions. Elle devait coûter bien davantage à la nation. Elle n'en fut pas moins promulguée le 14 décembre 1875. Cette mauvaise action ne profita pas aux députés qui l'avaient commise. On sait que la grande majorité d'entre eux ne furent pas réélus.

Le résultat de la loi fut exactement ce qu'avait prévu Léon Say. Il fut bien paradoxal : le nombre des bouilleurs de cru augmenta considérablement, et *plus il augmentait, plus leur production apparente diminuait!* Mieux encore, plus la récolte est forte, plus la perception de l'impôt a été faible l'année suivante. Ce résultat a été expliqué ainsi : « En 1883, par exemple, la récolte de cidre dépassait de beaucoup les besoins de la consommation ; les bouilleurs de cru ont distillé l'excédent, puis ils ont écoulé *frauduleusement* leur alcool en 1884 et ont fait ainsi baisser le produit de la taxe sur les eaux-de-vie du commerce. Où s'arrêtera la fraude! » (CLAUDE, des Vosges, en 1887, p. 302.)

CHAPITRE IX

DU DEGRÉ D'EFFICACITÉ DE LA PROHIBITION ABSOLUE DES BOISSONS FORTES

La *prohibition* dont nous parlons consiste dans l'interdiction absolue du commerce des spiritueux.

Ce système a été essayé avec plein succès dans les campagnes de Norvège. Nous en parlons plus loin.

Il a été inventé aux États-Unis en 1846 et mis en usage dans dix-sept États et territoires, dans les conditions que nous allons exposer.

Disons-le tout d'abord. Aucun pays n'était, moins que les États-Unis, préparé à recevoir une législation aussi rigoureuse. Aux États-Unis, les lois d'intérêt général même les plus nécessaires, ne sont pas exécutées lorsqu'elles n'ont pas pour elles la presque unanimité des électeurs. Les fonctionnaires de tout ordre ne sont que temporaires ; ils changent, du premier au dernier, à chaque élection ; il en résulte tout naturellement qu'ils ne sont (pour la plupart et sauf exceptions) ni compétents, ni zélés.

Lorsque je voyageais aux États-Unis, je m'intéressais aux questions relatives à l'hygiène et à la statistique humaine. J'avais une liste des fonctionnaires qui pouvaient me renseigner, que j'avais dressée avec beaucoup de soin avant mon départ ; elle m'était bien inutile. Demandais-je M. N..., la réponse était le plus souvent : « *He is not in charge more!* Il n'est plus en charge. » Pourquoi? Parce que six mois auparavant des élections avaient changé le maire de la ville, ou le gouverneur de l'État, et que le nouvel arrivé avait mis tout naturellement à la porte tous les fonctionnaires nommés par son prédécesseur, afin d'y substituer ses propres amis ou agents électoraux. Quel homme sérieux peut consentir à abandonner sa carrière, s'il a su s'en préparer une, pour entrer dans une administration où il sait par avance qu'il ne restera que quelques années ou quelques mois? Il en résulte que les lois les plus nécessaires, lorsqu'elles n'ont d'autre but que l'utilité publique (telles par exemple les lois contre la pollution des rivières, etc.), ne sont pas appliquées.

Aux États-Unis, la valeur des individus est grande ; celle des institutions publiques est très médiocre, pour n'en rien dire de pis.

On doit s'attendre qu'avec de telles mœurs, une loi prohibant le commerce des alcools rencontre des difficultés d'application tout à fait exceptionnelles.

A ce premier obstacle, s'en ajoute un autre.

La constitution fédérale s'oppose à toute restriction au commerce d'un État avec les autres. Il en résulte qu'un particulier qui habite un État prohibitionniste ne peut pas être empêché d'acheter des liqueurs dans un État non prohibitionniste (ou à l'étranger), et de les transporter chez lui pour son usage personnel. Mais l'État dans lequel il demeure a le droit de lui interdire la vente de ces liqueurs. En d'autres termes, c'est seulement la distillation locale et le commerce local qui peuvent être interdits par une loi prohibitive; la consommation ne peut être interdite par aucune loi.

Le tableau suivant contient la liste des États qui ont essayé le système de la prohibition.

	ANNÉE où la prohibition fut		
	adoptée ou réadoptée.	abandonnée ou réabandonnée.	
Maine	1846 1858	1856	
Illinois	1851	1853	
Massachusetts	1852 1869	1868 1875	
Rhode Island	1852 1874 1886	1863 1875 1889	
Vermont	1852	1903	
Connecticut	1854	1872	
Delaware	1855	1857	
Indiana	1855	1858	
Iowa	1855		*Iowa*. Loi partielle, complétée en 1883. En 1894, option locale.
Michigan	1855	1875	*Michigan*. En 1861, amendement affaiblissant beaucoup la loi.
Nebraska	1855	1858	
New-Hampshire	1855	1903(?)	
New-York	1855	—	*New-York*. La loi fut abrogée comme inconstitutionnelle.
Kansas	1867 1879-80	1870	
Dakota Sud	1885	1896	
Alaska	1887		
Dakota Nord	1890		

Une première observation s'impose. Les États qui ont conservé la prohibition ont *tous* une faible densité de population et une population surtout agricole.

Les États qui y ont renoncé ont *presque tous* une densité de population assez forte et une population urbaine[1] considérable.

1. On considère comme *villes* les agglomérations de plus de

C'est ce que montre le tableau suivant :

ÉTATS ayant *conservé* la prohibition en 1900.	Personnes sur un mille carré.	Sur 100 hab. combien dans les villes.	ÉTATS ayant *abandonné* la prohibition en 1900.	Personnes sur un mille carré.	Sur 100 hab. combien dans les villes.
Kansas	17	12	Nebraska	14	24
Maine	22	20	Michigan	36	26
Vermont [1]	36	8	Indiana	61	18
Iowa [2]	34	14	Illinois	68	39
New-Hampshire [1]	42	28	Delaware	86	37
Dakota Nord	3	0	Connecticut	154	62
Alaska	—	—	Massachusetts	278	70
			Rhode Island	318	79
			Dakota Sud	4	3

C'est qu'en effet le système de la prohibition absolue peut réussir dans les campagnes, mais ne peut réussir dans les villes; c'est que MM. Rowntree et Sherwell ont très solidement établi.

Ils se plaignent avec raison, que les documents statistiques manquent pour étudier convenablement la question. Ils y ont pourtant jeté beaucoup de clarté.

Ils ont très soigneusement étudié la prohibition dans l'État du Maine qui l'a introduite dans la législation dès 1846 et l'a conservée jusqu'à aujourd'hui. Nous résumerons brièvement cette longue histoire.

C'est le général James Appleton qui en fut le premier champion; il eut pour principal collaborateur Neal Dow (général pendant la guerre de sécession), qui est généralement surnommé « le père de la loi prohibitive du Maine ». La loi qu'ils firent voter en 1846 réservait le monopole de la vente du vin et des

8.000 habitants. New-York n'est pas cité parce que ce n'est pas volontairement que cet État a abandonné la prohibition.

1. A abandonné la prohibition en 1903.
2. A substitué en fait à la prohibition l'option locale.

liqueurs fortes à un très petit nombre de personnes qui ne devaient les vendre que comme remèdes ou comme substance nécessaire à une industrie. Cette loi étant reconnue insuffisante, on la renforça par des lois de 1851, 1853, 1855. On fit si bien qu'en 1856, à la suite d'une émeute avec mort d'homme, l'opinion publique lassée exigea l'abolition totale de la loi. Elle fut votée en 1858 par 28.864 voix contre 5.912, sous une forme qui n'a pas été gravement modifiée depuis.

Quiconque prépare, pour la vendre, une boisson enivrante (autre que le cidre) ou quiconque la vend, est passible de 2 mois de prison et 1.000 dollars d'amende.

Nul ne peut être débitant de boissons enivrantes (100 dollars ou 60 jours de prison; davantage en cas de récidive).

Même pénalité pour le propriétaire de la maison, s'il est complice.

De même les placeurs d'alcools, les colporteurs sont punis de peines moindres.

Sur dénonciation sérieuse, le juge doit ordonner la visite domiciliaire, la séquestration des liquides, l'arrestation du prévenu; on ne peut explorer que dans des cas particuliers les locaux habités.

Telles sont les principales dispositions de cette loi[1].

Elle a été très mal exécutée dans les villes. Une quantité de pharmaciens s'empressèrent de faire le commerce des liqueurs, si ouvertement qu'ils paient à l'Union la licence réclamée par la loi fédérale. Voilà donc les agents de Washington satisfaits. Ceux du

1. Du moins telle qu'elle était en 1880. Elle n'a pas été modifiée bien gravement depuis cette époque.

Maine ne le sont pas moins, car il y a évidemment moyen de s'entendre avec eux.

Les chiffres suivants montrent combien sont nombreux les pharmaciens et autres commerçants qui font ouvertement le commerce des liqueurs dans le Maine et dans les autres États prétendus prohibitionnistes :

	Sur 1.000 hab. combien dans les villes de plus de 8.000 habit.	Nombre des licences 1892.	Sur 1.000 hab. combien de licences.
1° États prohibitionnistes en 1892.			
New-Hampshire	28	1.829	4.86
Iowa	11	1.956	2.59
Kansas	12	2.500	1.75
Maine	20	1.022	1.54
Vermont	8	449	1.35
Moyennes	16	»	2.28
2° États ayant abandonné la prohibition.			
Rhode Island	70	1.763	5.11
Connecticut	52	3.294	4.41
Michigan	26	8.449	4.03
Minnesota	28	3 318	2 51
Nebraska	24	2.418	2.28
Moyennes	42	»	3.47

La moyenne générale des États-Unis est 3,59 licences pour 1.000 habitants. Elle est largement dépassée dans le New-Hampshire (qui, d'ailleurs, vient d'abandonner tout à fait la prohibition).

Elle n'est pas atteinte dans les autres États, prétendus prohibitionnistes, mais ce sont des pays de population agricole. De plus, ces chiffres représentent les violations avouées, officielles, publiquement reconnues, de la loi. La vente clandestine est en outre considérable.

La plupart de ces licences sont concédées à des pharmaciens.

La loi ordonne que le Gouverneur nommera un commissaire d'État qui délivrera l'alcool, destiné aux usages de la pharmacie et de l'industrie. Cet alcool, dont la pureté sera vérifiée, sera livré aux agents et fonctionnaires municipaux chargés de le distribuer. La commission sera de 7 % du prix d'achat.

En fait cette charge n'est donnée qu'à des agents électoraux ; ils y gagnent de 40.000 à 50.000 francs et bien davantage encore, suivant les quantités d'alcool dont ils trafiquent. Ils sont donc intéressés à en vendre le plus possible ; dans la seule ville de Portland, en 1893, ils en ont vendu la valeur de un litre et demi par tête d'habitant. Tout cela dans un but thérapeutique ! Que de potions excitantes on peut débiter à ce taux ! Or ce chiffre ne comprend que l'alcool distribué par les agents et fonctionnaires municipaux ; l'alcool débité par les pharmaciens ou par d'autres encore, n'y est pas compris.

Le fonctionnaire dont nous venons de voir les hauts faits est un agent de l'État du Maine, autrement dit une créature du Gouverneur. Il livre l'alcool aux agents municipaux ; ceux-ci (également des agents électoraux du maire) se livrent à de nouveaux trafics. De 1883 à 1893, ils ont vendu à Portland (ville d'environ 35.000 hab.) chaque année pour 170.000 francs d'alcool — toujours dans un but thérapeutique. — C'est surtout le samedi que ces innombrables malades ont besoin de potions alcooliques.

L'anecdote suivante, affirmée devant une Commission envoyée par le Canada pour étudier la loi prohibitive du Maine, en 1873, montre mieux encore le dédain du législateur pour la loi dont il est pourtant l'auteur :

« J'ai été très dégoûté pendant notre dernière législature à Augusta. Tandis que les deux Chambres discutaient la loi qui avait pour but de supprimer tout trafic de liqueur et d'en concéder le privilège aux pharmaciens qui n'auraient pu vendre de l'alcool que sous des conditions très restrictives, les débits d'Augusta étaient librement ouverts; les membres des deux Chambres y allaient et obtenaient tout le rhum qu'ils voulaient! »

La prohibition a donné de meilleurs résultats dans les campagnes :

Voici ce qu'écrivait le consul britannique à Portland en 1898: « Il est universellement admis que la loi du Maine sur les liqueurs n'est pas exécutée dans les villes, mais on peut dire avec vérité que dans les districts ruraux cette loi a eu un effet merveilleux. »

D'autres témoignages, fort nombreux, confirment celui-là. Malheureusement, on ne voit jamais de chiffres cités à leur appui, et à vrai dire, on s'explique qu'il soit difficile d'en avoir. Ce ne sont jamais que des appréciations.

La prohibition a donné des résultats analogues dans les autres États qui en ont essayé. Dans les villes, il a pour résultats directs la corruption ou même le chantage; dans les campagnes, il réussit mieux; or, elles contiennent les *quatre cinquièmes* de la population des États prohibitionnistes.

On ne peut donc pas dire que, même aux États-Unis, la prohibition ait complètement échoué. L'échec paraît n'être que partiel.

Nous verrons plus loin que le système de la prohibition absolue de l'eau-de-vie est appliqué avec succès en Norvège à toute la population rurale et à une partie de la population urbaine.

CHAPITRE X

DU DEGRÉ D'EFFICACITÉ DE L'OPTION LOCALE

Au Canada, voici les principes de la loi de 1878 (appelée communément « Scott Act », du nom de son promoteur). Si le quart des électeurs d'un comté ou d'une cité le demande par voie de pétition, on soumet au vote général la prohibition de tout commerce de l'alcool (excepté dans un but thérapeutique, industriel ou rituel).

Dans 80 districts cette loi a trouvé son application; dans 17 cas, les électeurs se sont prononcés immédiatement contre la prohibition; dans 34, après avoir adopté la prohibition, ils l'ont ensuite repoussée. Dans 29 cas ils l'ont adoptée et elle était en vigueur en 1895; mais sur ces 29 cas, il y en a 21 dans lesquels les électeurs ne s'étaient prononcés qu'une seule fois; l'expérience montre que le plus souvent la seconde consultation électorale est moins favorable que la première.

Ajoutons que parmi les 29 districts prohibitionnistes, il y en a au moins 28 anglais.

La prohibition a été votée à Halifax (ville d'environ 38.000 hab.), mais elle y a médiocrement réussi. Dans les districts ruraux, comme elle était soutenue par l'opinion populaire, elle a obtenu de meilleurs résultats.

Aux États-Unis, le système de l'option locale est également en usage. Voici ce qu'en raconte, dans une conférence des plus intéressantes et des plus agréables, faite au *Musée social*, M. Dupré La Tour :

« La loi est généralement soumise au vote populaire par voie de referendum, soit à intervalles réguliers, — tous les ans dans le Massachusetts, l'État toujours cité comme modèle en fait d'option locale, — soit lorsqu'un certain nombre d'électeurs pétitionnent en ce sens (Rhode Island).

« La question posée est généralement la suivante : Faut-il accorder des licences pour la vente de boissons enivrantes sur le territoire de la commune? On vote oui ou non. Les communes qui votent la prohibition sont appelées « dry », sèches; celles qui votent la licence portent le nom de « wet », les mouillées [1].

« Dans la détermination des territoires de plein exercice, il est deux écueils à éviter, l'un et l'autre funestes.

« Le premier, nous le connaissons, est de réunir sous une même loi les habitants des centres dont les intérêts et les conditions de vie diffèrent. Il a causé l'échec de la prohibition d'État.

« Le second, au contraire, est de permettre dans un rayon trop restreint, et notamment dans une même ville, l'établissement de régimes différents de boissons; car alors il se produit le phénomène suivant : les quartiers « dry », qui sont généralement ceux des

1. Quelquefois, comme dans l'État de New-York, on subdivise la question; les électeurs sont appelés à voter sur : 1° l'autorisation de vendre des boissons pouvant être consommées sur place; 2° celle de vendre des boissons à emporter; 3° celle de vendre l'alcool dans les pharmacies; 4° celle de vendre dans les hôtels.

riches, refoulent par leurs votes tous les cabarets dans les quartiers « wet », ceux des pauvres. Ainsi, pour n'avoir pas pu s'en défendre, ceux-ci deviennent le rendez-vous des vices de toute la cité, tandis que cependant tous profitent également du produit des licences encaissé par le Trésor [1].

« L'approche du referendum populaire donne naissance à une lutte des plus curieuses entre les partisans et les adversaires de la prohibition ; des journaux se fondent aux noms les plus bizarres : *the Frozen Truth,* la vérité gelée ; *the Eye opener,* l'ouvreur d'œil, etc. Les murs, les tramways eux-mêmes rutilent des affiches et des proclamations des ligues de tempérance et des syndicats de brasseurs. Chose remarquable, et qui ne contribue pas peu au crédit de l'option locale auprès des bons citoyens, la politique est systématiquement écartée de la lutte ; et les comités de licence et de prohibition se font un point d'honneur de ne pas favoriser tel parti au détriment de tel autre. Il n'y a d'ailleurs pas de question de personne en jeu. De pareilles campagnes ont une rare vertu éducationnelle. On est obligé cependant de reconnaître qu'une bonne moitié des électeurs, ordinairement assidus aux urnes, se désintéressent de la lutte.

« Il est une autre variété d'option locale assez singulière que pratiquent les États d'Iowa et d'Ohio. La prohibition reste la loi de l'État, mais les cabarets ne sont pas inquiétés dans les communes où la majorité des électeurs dans les villes de plus de 5.000 habitants, et 65 pour 100 dans les autres ont signé des

1. Ces inconvénients n'ont pas empêché la cité de Boston d'adopter en novembre dernier le principe du vote par quartiers, après une campagne très chaude.

pétitions en leur faveur. Ils sont seulement alors assujettis à une amende de 350 dollars dans l'Ohio et de 900 dans l'Iowa. Ce régime est qualifié de « Mulct-law » ou loi de répression. Il favorise beaucoup la prohibition, car l'option locale n'étant pas posée d'office, il faut aux amis des cabarets une certaine audace pour recueillir les votes de leurs concitoyens. »

Le dernier congrès anti-alcoolique tenu à Paris à la fin d'octobre 1903, a émis à l'unanimité le vœu que partout où l'option locale serait pratiquée, les femmes fussent admises au vote.

CHAPITRE XI

DU DEGRÉ D'EFFICACITÉ DU MONOPOLE DE LA VENTE EN GROS

Le monopole de la rectification et de la vente en gros de l'alcool par l'État a été proposé par M. Alglave, professeur de science financière à la faculté de droit de Paris. Il a exposé son projet mainte et mainte fois soit en France, soit à l'étranger, et l'a défendu avec une ténacité et un talent tout à fait admirables.

Voici en quoi consiste ce projet.

L'État achète l'alcool aux fabricants actuels qui ne peuvent le vendre qu'à lui, ou encore aux fabricants de liqueur ou encore à l'étranger. Ceux-ci ne sont donc ni lésés ni expropriés, car les prix fixés seront rémunérateurs.

Puis l'État rectifie les alcools qu'il a ainsi achetés; ou bien encore il les fait rectifier par des usines privées soigneusement surveillées par lui.

La rectification une fois faite, et l'alcool étant devenu aussi pur et aussi peu offensif que possible, on le met dans des bouteilles portant la marque de l'État; et on le met en vente à un prix qui paie l'impôt. C'est seulement lorsqu'il est contenu dans ces bouteilles que l'alcool peut circuler librement et qu'il peut être vendu. La bouteille est la quittance de l'impôt; elle est à l'alcool ce que la bande de la régie est aux allumettes et aux tabacs, ou ce que le timbre-poste est à la lettre.

Aussi est-il désirable qu'elle soit faite de façon à être facile à vider, mais difficile à remplir.

A qui sont vendues ces bouteilles d'alcool? A qui veut les acheter : soit aux marchands en gros, soit aux marchands en détail, soit aux particuliers. Donc ni les uns ni les autres ne sont lésés en aucune façon; aucun n'a à réclamer aucune indemnité.

L'État n'a d'autre dépense à faire que celle de ses bouteilles, ou encore celle des usines de rectification, s'il ne veut pas la confier à l'industrie privée.

M. Alglave voit à son système deux avantages principaux, l'un hygiénique, l'autre fiscal. L'avantage hygiénique est que l'eau-de-vie consommée sera aussi pure, aussi peu meurtrière que possible; l'avantage fiscal, sera une grande simplification dans le paiement de l'impôt, puisque l'alcool, de même qu'une lettre, de même qu'un paquet de tabac, portera toujours avec lui sa quittance qui sera sa bouteille.

Un litre d'eau-de-vie ordinaire se divise en 29 petits verres vendus chacun dix centimes; ce qui porte à 7.50 le prix d'un litre d'alcool absolu quand il a été vendu par le cabaretier, qui gagne plus de la moitié de cette somme. C'est à cause de ce bénéfice exorbitant que les cabarets pullulent comme on le voit. Si la proposition de M. Alglave était adoptée, l'État pourrait, s'il le voulait, prendre pour lui une partie importante de ce bénéfice exagéré.

On a beaucoup plaisanté M. Alglave sur cette bouteille-quittance. La plupart de ces plaisanteries sont trop sottes pour que ma plume daigne les transcrire. On a pu lui faire une objection plus juste en lui demandant tout simplement de montrer cette bouteille merveilleuse qui peut se vider facilement, mais qu'il est difficile de remplir. Qu'est-ce que ce peut bien être? — « Aux inventeurs de la trouver, répond M. Alglave. Ils ont tant d'esprit qu'ils y arriveront sans peine! Le siphon d'eau de seltz est déjà un premier type dans ce sens. »

Heureusement pour M. Alglave, cette bouteille mythique n'est pas indispensable à l'existence d'un monopole de rectification et de vente en gros. M. Alglave a proposé son système à tous les gouvernements de l'Europe. Le gouvernement allemand a été séduit par un système aussi simple, et aussi lucratif. M. de Bismarck en a fait l'objet d'un projet de loi, qui a été violemment attaqué par M. Eug. Richter, « la bête noire » du chancelier, et qui finalement a été rejeté par le parlement allemand. Les arguments fiscaux produits par M. Richter ne valaient rien, mais il a éveillé les susceptibilités politiques des uns, particularistes des autres; on peut dire que le projet de monopole a été rejeté pour des motifs purement politiques. Aucun pays n'a donc appliqué le monopole de la vente en gros, tel que l'a conçu M. Alglave. Nous n'avons d'autre expérience de ce système que l'histoire de la Suisse, mais le système Alglave est certainement préférable au système suisse qui n'est qu'un monopole incomplet, et sujet à de graves défauts.

Nous allons, cependant, l'étudier. Le monopole suisse n'est qu'un monopole *partiel*, car il ne s'applique qu'aux eaux-de-vie de grains et de pommes de terre. L'eau-de-vie de vin, de marcs, de fruits, etc. est en dehors du monopole. Le privilège des bouilleurs de cru y est beaucoup plus étendu qu'en France.

Le vin et la bière sont à peu près exempts de toute entrave.

Avant 1886, la Suisse était, au point de vue de l'alcoolisme, dans une situation qui évidemment ne pouvait pas se prolonger.

Seize cantons avaient institué pour tout ou partie des boissons alcooliques, des douanes intérieures. Pour l'eau-de-vie, cette taxe (appelée *ohmgeld*) variait de 5 à 43 francs par hectolitre. Elle avait pour but de protéger les distilleries du canton contre celles des autres cantons, et elle y réussissait très bien, car vers 1880, leur nombre atteignait 1.450. La plupart distillaient des pommes de terre, dans les conditions les plus mauvaises. L'alcoolisme prenait des proportions effrayantes qui inquiétèrent l'Assemblée fédérale. Il y avait de quoi, la consommation était à peu près égale à ce qu'elle est actuellement en France (9 litres d'alcool à 50° d'après Broch). Ces petites distilleries constituaient pour le pays un véritable fléau. Voici ce qu'écrivait, en août 1886, le département fédéral de l'intérieur sur les dangers de la petite distillerie :

« Bien souvent les petites distilleries établies dans les habitations mêmes ou à proximité de celles-ci, ont été de véritables foyers d'infection pour tous les membres d'une famille ; on voyait tour à tour les habitants d'une maison se livrer à la boisson, puis le mal gagner de proche en proche. L'habitude de boire de l'eau-de-vie à haute dose est devenue si forte que l'on économise sur les dépenses les plus nécessaires, afin d'avoir toujours assez pour s'acheter du schnapps. »

Les gouvernements cantonaux avaient depuis longtemps reconnu tous les dangers de ce régime. Berne entre autres, malgré toutes les difficultés qu'il y avait à le faire, avait, avant 1885, ordonné la fermeture par voie législative, de centaines de petites distilleries, mais seule la confédération avait le pouvoir d'extirper le mal radicalement et dans tout le pays.

Le Dr Schuler, inspecteur fédéral des fabriques, a décrit la situation dans chaque canton successivement[1]. A Bâle (où il y avait pourtant un *ohmgeld* de 10 % *ad valorem*) l'eau-de-vie se vendait 50 à 70 centimes le litre « et se buvait habituellement après d'abondantes libations de bière », d'autant plus que la femme, occupée à la fabrique, n'avait pas le temps de s'occuper de la cuisine; dans l'Emmenthal (Berne), où l'*ohmgeld* était à son maximum (39 fr. à 43 fr.), l'eau-de-vie domine comme boisson à l'auberge; les enfants reçoivent de bonne heure des spiritueux, et notamment de l'eau-de-vie. Dans l'Oberland (Berne) l'eau-de-vie de pomme de terre coûte 50 centimes la bouteille, etc.

En même temps diminuait la consommation du vin; en 1876 il était entré dans le canton de Berne 254.000 hectolitres de vin; en 1885 ce chiffre était tombé à 170.600 hectolitres (Milliet).

Les autres cantons ne sont pas dans une situation meilleure. La tendance de M. Schuler est de penser que le goût de l'eau-de-vie est en raison de la pauvreté de l'alimentation; mais il reconnaît lui-même que cette thèse est difficile à démontrer parce qu'elle est tout au moins trop exclusive, tandis que la question est complexe. De tout temps, les Suisses ont passé

1. *Des divers modes d'alimentation des classes ouvrières en Suisse et de leur influence sur le développement de l'alcoolisme.* Rapport rédigé au nom du département de l'intérieur de la confédération Suisse. Berne, 1884.

pour de forts buveurs, mais c'est relativement depuis assez peu de temps que l'usage de l'eau-de-vie de pommes de terre s'est généralisé. « On ne se procure que rarement l'eau-de-vie chez l'aubergiste et plus rarement encore chez le paysan; on l'achète dans les pharmacies et dans les boutiques d'épicerie, avec les autres denrées alimentaires, et cela à très bon marché, au prix de 50, 60 et 80 centimes le litre. » C'est ainsi que l'eau-de-vie est devenue, dans des milliers de famille, une partie intégrante de l'alimentation de chaque jour.

La législation sur l'alcool, en Suisse, avait à résoudre un triple problème relevant à la fois des *finances*, de l'*agriculture*, et de l'*hygiène* publique.

En outre, il fallait supprimer les douanes intérieures établies par un grand nombre de cantons.

Le problème financier consistait à remplacer l'*ohmgeld*, qui n'est pas de notre époque, sans nuire aux finances cantonales.

Le problème agricole et hygiénique consistait à supprimer les 1.450 distilleries d'eau-de-vie de grains et de pommes de terre, et à substituer à leur détestable produit un alcool moins toxique; mais il fallait ne pas inquiéter la culture des pommes de terre, ni celle du vin, sous peine de courir à un échec certain.

Tels étaient, aussi simplifiés que possible, les principaux éléments de la question.

Voici comment, sous l'inspiration de M. Schenk, chef du département de l'intérieur (et sans doute aussi, sous celle de M. Milliet, alors directeur de la statistique, depuis directeur du monopole), elle fut résolue le 23 décembre 1886.

La distillerie des vins, fruits et déchets *de provenance indigène* (loi du 12 octobre 1900) reste libre; elle est laissée en dehors du monopole, n'est soumise à aucune taxe fédérale, et ne peut être réglementée que par les cantons [1].

Le monopole de l'alcool en Suisse ne porte que sur l'eau-de-vie de grains, de pommes de terre, etc., c'est-à-dire sur le produit de la distillation des substances amylacées.

La Régie doit se procurer ces alcools en les achetant pour partie de fabriques indigènes qui ne doivent travailler que pour elle; pour partie de l'étranger. Un quart au moins de l'alcool qu'elle emploie doit être fabriqué dans des usines indigènes et avec des pommes de terre et céréales indigènes (arrêté du 2 juin 1894). Le reste est acheté à l'étranger [2].

La Régie ne doit mettre en vente que des trois-six bien rectifiés ou de l'alcool brut de pommes de terre ne renfermant pas plus de 1,50 pour 1.000 d'impuretés alcooliques; les ventes n'ont lieu que par quantités

1. Cette concession était nécessaire pour assurer le vote de la loi.
2. Pendant les années 1891-95, la Régie a acheté :

	Quintaux métriques.		Le quintal.
En Allemagne..........	97.345	au prix moyen de	48f08
En Autriche-Hongrie...	288.748	—	39.08
En Italie...............	4.226	—	35.35
Ensemble..........	390.319	—	41.28

En outre 18.986 quintaux d'alcool *moyen goût*, destiné à être dénaturé.

Les meilleures qualités viennent d'Allemagne. On n'a rien acheté en France parce que l'alcool y est plus cher, paraît-il.

Enfin 111.327 quintaux ont été achetés aux usines indigènes.

La consommation pendant ces 5 ans a été :

	314.200 quintaux métriques d'alcool potable.	
	191.465 —	dénaturé.
Total	505.665 quintaux métriques.	

d'au moins 150 litres, à des prix qui ne seront ni inférieurs à 120 fr. ni supérieurs à 150 fr. par hectolitre d'alcool absolu (art. 4)[1].

L'importation des eaux-de-vie de qualité supérieure est permise aux particuliers, mais moyennant le paiement, outre le droit d'entrée, d'une « finance de monopole ».

Le commerce de gros (40 litres au moins pour les spiritueux, 2 litres pour les boissons fermentées) est libre[2]; le commerce de détail doit être imposé au profit des cantons et surveillé par eux au point de vue hygiénique.

Les autorités cantonales doivent aussi surveiller la fabrication de l'eau-de-vie non soumise au monopole, la vente de cette eau-de-vie et de celles qui sont importées par les particuliers ; enfin elles sont chargées, concurremment avec les agents du service fédéral, de la police du monopole.

Les bénéfices du monopole sont partagés entre les cantons proportionnellement à leur population, à charge pour eux de consacrer le dixième de la somme reçue à « la lutte contre l'alcoolisme dans sa cause et dans ses effets[3] ».

Comme la Constitution garantissait d'une façon à peu près absolue la liberté du commerce et de l'in-

1. Ces prix sont en fait : 142 fr. 60 ou 138 fr. 53 ou 136 fr. 08 ou 143 fr. 25 l'hectolitre d'alcool à 90 ou 95 degrés suivant la qualité, fût non compris.

2. On remarquera cette disposition si favorable à la consommation des boissons fermentées. Toute perception de droits spéciaux sur le commerce du vin et de la bière est interdite.

3. Cet argent est, pour la plus grande part, consacré au traitement des enfants faibles d'esprit ou abandonnés ou précocement criminels, ainsi qu'à la création et à l'entretien de maisons de correction et d'asiles d'aliénés. Le reste sert à l'amélioration des denrées alimentaires, à l'encouragement de la tempérance ainsi qu'à subventionner les établissements pour la guérison des buveurs.

dustrie, il fallut la modifier en donnant à la confédération le droit de décréter par voie législative des prescriptions sur la fabrication et la vente des boissons distillées (excepté la distillation des vins, marcs, fruits, gentianes, etc.).

Grâce aux concessions faites à l'agriculture, aux bouilleurs de cru, etc., etc., la modification à la constitution fut votée le 25 octobre 1885 par 230.250 voix et 15 cantons contre 157.463 voix et 7 cantons. Il y eut 257.485 abstentions.

Tels sont les principes généraux de la loi de 1886.

Voici maintenant les détails d'application qui ont le plus d'intérêt à notre point de vue.

Aux 1.450 distilleries d'eau-de-vie de pommes de terre, qui empoisonnaient le pays, on a substitué 63 distilleries fabriquant pour le compte de l'État, dans des conditions satisfaisantes.

C'est là sans doute le plus grand service que le monopole suisse ait rendu à l'hygiène publique.

Les distillateurs lésés ont reçu une indemnité, mais seulement en raison de la moins-value résultant pour les bâtiments et appareils servant à la distillation de l'établissement du monopole. La loi a pris soin de spécifier que « le bénéfice réalisé par la distillation » ne devait pas entrer en ligne de compte. Le montant total des expropriations s'élevait à la fin de 1901 à 4.110.125 francs.

Quoique la loi porte que l'alcool vendu par la Régie doit avoir une pureté suffisante, on a dû se départir, au moins provisoirement, de cette règle. Le peuple suisse était tellement empoisonné par l'alcool de pomme de terre, produit par le commerce libre, qu'il avait fini par prendre goût à son poison! L'infâme odeur de la pomme de terre pourrie avait fini par lui devenir agréable! (Saisissons cette occasion pour rendre hommage aux bienfaits du principe de la liberté commerciale !) Il a trouvé fadasse l'eau-de-vie débarrassée du *fusel* (essence de pommes de terre)!

Les réclamations ont été telles qu'il a fallu, bon gré mal gré, en tenir compte, et salir une certaine quantité de trois-six avec de l'eau-de-vie brute de façon à atteindre, sans la dépasser, la limite d'impureté (1,50 pour 1.000) tolérée par la loi. C'est encore un peu fade, mais avec le temps on s'y habituera. Peut-être même pourra-t-on plus tard diminuer la proportion de *fusel!*

Le législateur n'a pas voulu donner trop de facilités à la consommation de l'eau-de-vie. Aussi en a-t-il interdit le colportage. Il ne peut être vendu au détail (moins de 40 litres) que dans les débits munis d'une autorisation et payant un droit de patente perçu au profit du canton. Ce droit est élevé; il dépasse généralement 100 francs et atteint parfois 3.000 francs par an.

Toutefois les distillateurs qui ne fabriquent pas dans une seule et même année plus de 40 litres de spiritueux non soumis au monopole (il s'agit de l'eau-de-vie de vin, de marcs ou de fruits indigènes) peuvent vendre librement la quantité produite à condition de ne pas la livrer par parts inférieures à 5 litres. Le loi de 1900 restreint ce privilège aux agriculteurs et pour leur propre récolte seulement.

D'une façon générale, les cantons sont chargés (art. 9) de la surveillance sur le commerce des spiritueux livrés par la régie, ainsi que sur la fabrication et la vente de l'eau-de-vie non soumise à l'impôt fédéral (eau-de-vie de vin, de marcs, de fruits).

Ces lois cantonales se bornent à peu de chose.

L'eau-de-vie de vin et de fruits (qui est en dehors du monopole) n'est soumise à un impôt que dans le seul canton de Fribourg. Encore faut-il, pour qu'il y ait lieu de percevoir l'impôt, que les produits mis en œuvre ne proviennent pas du sol du fabricant. On voit que le privilège des bouilleurs de cru en France n'est rien à côté de ce qu'il est en Suisse.

Le canton de Bâle ville a monopolisé la vente au détail. Elle ne peut se faire que dans les débits autorisés (20 au plus). Le mode de préparation des spiritueux ainsi vendus et les prix de vente au détail sont réglés d'une façon uniforme.

Les résultats financiers du monopole de l'alcool en Suisse ont été très satisfaisants, puisque l'*ohmgeld* et les octrois qu'il s'agissait de remplacer ne produisaient que 3.580.000 francs en 1880-84, tandis que le monopole a permis de distribuer entre les cantons jusqu'au double de ce chiffre.

Monopole de l'alcool en Suisse.

ANNÉES	RECETTES	DÉPENSES [1]	EXCÉDENT du compte d'exploitation
1er juin 1887 au 31 déc. 1888	10.764.113f89	5.790.961.19	4.973.152.70
1889	10.611.295.31	5.252.429.29	5.358.866.02
1890	13.773.596.11	6.778.270.15	6.995.325.96
1891	14.388.778.01	7.740.863.27	6.647.914.74
1892	14.750.240.26	8.370.423.33	6.379.816.93
1893	13.826.674.98	7.866.939.62	5.959.735.36
1894	12.344.582.24	6.839.013.49	5.505.568.75
1895	12.484.359.40	7.081.982.94	5.402.376.46
1896	13.214.524.85	6.834.340.77	6.380.184.08
1897	13.767.839.58	6.787.773.83	6.980.065.75
1898	14.156.853.98	6.907.072.91	7.249.781.07
1899	13.787.983.01	7.184.325.32	6.603.657.69
1900	13.036.294.93	6.680.758.44	6.355.536.49
1901	11.768.171.43	6.136.225.01	5.631.946.42
1902	12.001.705.17	6.176.017.36	5.825.687.81

1. Voici le détail des dépenses pour cette dernière année (ils sont à peu près les mêmes pour les années précédentes) :

Voici quelques détails importants qui concernent le chapitre des recettes.

	Vente d'alcool potable.	Vente d'alcool dénaturé, etc.
1er juin 1887-31 déc. 1888..	9.700.101 fr.	9.906 fr.
1889.............	9.677.542	262.152
1890.............	11.632.801	1.234.261
1891.............	11.797.322	1.692.940
1892.............	11.944.102	1.855.342
1893.............	11.315.350	1.795.935
1894.............	9.767.719	1.841.574
1895.............	9.825.346	1.964.204
1896.............	10.509.762	1.994.268
1897.............	10.995.228	2.059.934
1898.............	11.258.491	2.155.386
1899.............	10.834.708	2.220.914
1900.............	10.152.637	2.190.255
1901.............	8.676.619	2.375.627
1902.............	8.876.428	2.409.476

On voit que la vente d'alcool potable a varié dans des limites assez étroites. La vente des alcools dénaturés a sans cesse été en augmentant.

En termes généraux on voit que le produit net du monopole a été en baissant jusqu'en 1896. Sur quoi des auteurs (français pour la plupart) ont déclaré qu'il avait échoué! Ils s'appuyaient surtout sur une évaluation donnée *au jugé* et en l'absence de toute statistique, et qui admettait que le monopole pouvait rendre 8 millions de francs. Cette évaluation, étant

Achat d'alcool potable..............	3.507.423.70
— — dénaturé, etc..........	1.761.580.17
— de futaille.................	27.365.70
Frais de transport...............	222.425.43
Administration.................	435.089.55
Intérêts.......................	21.048.00
Drawbacks......................	146.405.00
Matériel, etc..................	14.240.56
Total.......	6.130.225.01

donnée l'imperfection extrême de sa base, n'était pourtant pas trop fautive ; elle était seulement un peu optimiste, — ce qui arrive souvent dans les projets de loi.

Au lieu de dire que le monopole avait échoué, il aurait mieux valu se demander pourquoi son rendement baissait ainsi chaque année. Si c'était à cause de la baisse de la consommation, il fallait dire qu'il avait réussi mieux qu'on ne l'espérait ; en effet on l'avait institué pour diminuer l'alcoolisme en améliorant la qualité de l'alcool ; et il se serait trouvé qu'on aurait réussi aussi en diminuant la quantité absorbée. Il n'y avait qu'à s'en réjouir au nom de l'humanité ! Mais ces considérations sont tout à fait étrangères aux gens qu'aveugle l'intérêt fiscal.

L'administration du monopole en avait mieux jugé. « Elle ne croit pas, rapporte M. Delamotte (en 1896), à un changement aussi sensible dans les habitudes des consommateurs ; elle attribue plutôt ces moins-values, surtout pour les deux dernières années (1895 et 1896), aux récoltes abondantes qui ont amené une plus grande consommation de vin et de cidre, au détriment de la consommation de l'alcool, et aussi une production beaucoup plus considérable d'eau-de-vie de vins et de fruits (non soumise au monopole). »

Cette prévision s'est vérifiée pendant les cinq années qui ont suivi.

M. Milliet, le directeur du monopole, dit qu'avant 1885, la consommation de l'eau-de-vie « présentait dans une progression très accentuée, un mouvement ascensionnel ». Depuis cette époque, à la consommation de l'alcool s'est substituée celle du vin et de la bière.

Avant 1885, celle du vin était de....	55 à 60 litres par tête.		
Elle est aujourd'hui (1896), de....	75 à 80	—	—
Avant 1885, celle de la bière était de.	36	—	—
Elle est en 1894 de...............	50	—	—(env.)

Quant à la consommation de l'eau-de-vie, M. Milliet la calcule ainsi pour 1895 :

	hectolitres (50°)
Ventes effectuées par la régie................	137.201
Importations..................................	7.783
Eaux-de-vie de fruits non-soumises au monopole.	32.000
Eaux-de-vie fines indigènes..................	2.090
TOTAL......	179.074
A déduire :	
Exportation...................................	6.447
RESTE POUR LA CONSOMMATION INDIGÈNE.......	172.627

soit 5 lit. 171 par tête.

« Nous évaluons, dit M. Milliet, la consommation d'alcool absolu, de quelque liquide qu'il soit composé, de 14 à 16 litres par tête. Elle n'a guère changé; mais alors qu'avant 1885 l'eau-de-vie constituait les 3/5 de ce total, sa part contributive n'est plus en 1896 que des 2/5. »

Rappelons les chiffres qui figurent dans notre tableau de la page 8.

Nombre de litres consommés par tête d'habitant et par an.

1° *Eau-de-vie à 50°*

Avant le monopole :	1881-85...	9.2 [1]......		Auteur :	Broch.
Après le monopole :	1889-90...	6.1.......		—	Milliet
—	—	1891-95...	6.1.......	—	Sundbärg
—	—	1896-1900.	4.9.......	—	Sundbärg

2°

			Vin	Bière		
—	—	1881-90...	60 (?)	32.3	—	Sundbärg
—	—	1890-1895.	60 (?)	51.9	—	—
—	—	1896-1900.	74.2	68.0	—	—

1. Pour 1885, d'après M. Milliet, 8,5.

M. Delamotte, inspecteur des finances, a été chargé, en 1896, par notre ministère des finances, d'étudier sur place le monopole suisse. Voici la conclusion de son très remarquable rapport (nous mettons en note quelques objections que cette lecture nous suggère).

« On ne saurait méconnaître que le monopole suisse a eu pour résultat :

« 1° De diminuer — dans la limite où l'influence de l'État peut s'exercer [1] — la consommation de l'alcool au profit des boissons hygiéniques [2];

« 2° D'assurer à la plus grande partie des spécimens destinés à servir de boisson un degré de pureté plus élevé que sous l'ancien régime de la libre fabrication indigène;

« 3° De favoriser l'agriculture en même temps qu'une branche de l'industrie nationale;

« 4° Enfin de procurer des ressources sans imposer à la population des mesures vexatoires et en n'ayant recours qu'à très peu de formalités.

« Il a cependant d'assez nombreux adversaires. Ils lui reprochent surtout :

« 1° De gêner le commerce en le mettant dans l'obligation de régler ses achats au comptant [3] et en l'empêchant de profiter des circonstances pour acheter à des conditions avantageuses [4];

« 2° D'entraîner des frais de régie élevés, sans pour

1. Cette limite est beaucoup plus grande, comme le montre l'exemple de la Suède et surtout de la Norvège.

2. Disons des boissons *dites* hygiéniques.

3. Ce reproche n'est certainement pas fondé. Le commerce peut acheter à crédit en s'adressant à des marchands de gros; ceux-ci, à vrai dire, achètent au comptant, et font naturellement payer le crédit qu'ils accordent; mais c'est ce que fait très légitimement tout marchand qui vend à crédit.

4. Ce reproche se confond avec le reproche n° 3.

cela permettre aux marchands en gros de réduire d'une façon sensible leurs frais généraux[1];

« 3° De fonctionner d'une façon irrationnelle, puisque les prix de vente restent les mêmes en fait, quels qu'aient été les prix d'achat[2];

« 4° On ajoute qu'il n'y a guère d'intérêt à accorder une protection spéciale, en vue de la distillation, à la culture de la pomme de terre et des céréales, puisque chaque année la Suisse est obligée d'importer pour sa consommation une assez forte quantité de ces denrées[3];

« 5° Mais c'est surtout au nom des principes[4] de la liberté économique que la nouvelle institution est attaquée. On y voit une application des doctrines du socialisme d'État, on craint que cette expérience ne conduise à d'autres de même nature; on attribue aux mêmes tendances les projets de loi relatifs à l'établis-

1. Les marchands en gros n'ont pas été indemnisés, malgré le tort que la régie pouvait leur faire. Le crédit que les marchands en gros accordent aux marchands de moindre envergure fait que le monopole leur a nui moins qu'on n'aurait pu croire.

2. M. Delamotte ajoute la très juste observation qui suit : « La fixité des prix fixés par la régie, depuis 1890, a eu pour résultat de laisser à la charge du monopole tout l'aléa commercial de ses opérations, et l'acheteur suisse a pu trouver dans cette fixité, quand les prix du marché international des alcools ont subi un mouvement de hausse, une sorte de compensation à l'impossibilité dans laquelle il se trouve de profiter des occasions avantageuses. »

3. M. Delamotte répond à cette objection que les importations de pommes de terre en Suisse seraient en moyenne de 300.000 quintaux par an. Ce chiffre est d'autant plus insignifiant que le *seul* canton de Berne produit plus de *trois millions* de quintaux.

Quant à l'importation, une partie de cette importation consisterait en primeurs qui ne peuvent être fournies par la culture indigène. Une partie plus considérable encore proviendrait du trafic des frontières.

4. Les principes sont jugés par leurs conséquences. Si les principes de la liberté économique conduisent à l'abrutissement du peuple par l'alcool, ils sont mauvais.

La question n'est pas de savoir si le monopole est contraire aux principes de la liberté économique, mais de savoir s'il est en voie d'atteindre les buts qu'on se proposait.

Il n'y a pas de *principe* supérieur à la discussion. Il n'y en a pas d'absolu, sauf en géométrie.

sement d'une banque fédérale et à la comptabilité des chemins de fer qui devaient être soumis au referendum populaire[1].

« 6° Enfin, quoique le revenu net du monopole revienne aux cantons, les partisans de la souveraineté cantonale s'inquiètent de voir s'agrandir peu à peu le domaine de l'intervention fédérale et la Suisse entrer chaque jour davantage dans la voie de la centralisation[2]. »

On peut, à notre avis, résumer ces objections en disant qu'elles se réduisent à rien, et que la passion politique elle-même n'a pu découvrir aucun inconvénient sérieux au monopole suisse.

Quant à ses avantages, on n'a pas pu les contester sérieusement. Cependant MM. Rowntree et Sherwell refusent de s'occuper du monopole suisse, comme étant sans intérêt au point de vue élevé auquel ils se placent : « Puisqu'il ne touche pas au commerce de détail, son examen ne rentre pas dans le cadre de ce volume, » disent-ils assez dédaigneusement.

Ils exagèrent. En fermant les 1.450 petites distilleries qui empoisonnaient le pays, le monopole a rendu un service inappréciable : le vin et la bière se sont substitués, en partie, à l'eau-de-vie, et celle-ci ellemême est devenue moins toxique.

Il est remarquable qu'on y soit parvenu avec un monopole qui n'était que *partiel*.

1. Ces deux arguments se confondent avec le suivant. Ce sont des arguments politiques, d'une importance particulièrement passagère.

2. Ce dernier argument, qui est le principal, est de pure politique intérieure, et n'a pour nous aucun intérêt.

Ainsi s'expliquent, ajoute très justement M. Delamotte, les controverses que suscite le monopole de l'alcool chez nos voisins, plus encore sur le terrain politique que sur tout autre.

CHAPITRE XII

DU DEGRÉ D'EFFICACITÉ DU MONOPOLE DE LA VENTE AU DÉTAIL

Du monopole de la vente au détail en Russie.

I. *De l'alcoolisme avant l'établissement du monopole.* — L'alcoolisme est plutôt moins répandu en Russie qu'il ne l'est devenu dans nos pays d'industrie intense. C'est ce qu'on voit dans notre tableau de la page 8.

D'après ce tableau, l'alcoolisme serait en somme assez modéré pour la masse du peuple russe. Mais il n'est pas assez analytique; évidemment, il y a en Russie, comme partout, d'énormes différences d'une classe sociale à l'autre, d'une province à une autre, d'une race à une autre.

Cependant, si modéré qu'il soit relativement, l'alcoolisme n'en est pas moins un fléau.

Le cabaretier russe en est un autre. C'est un infâme usurier qui prête à crédit sur tout objet appartenant au paysan : sur sa maison, sur ses bestiaux, sur les vêtements même que celui-ci a sur le corps.

Naturellement, tous ces objets sont achetés à réméré, à des prix dérisoires; le paysan se trouvant le plus souvent hors d'état de rembourser la somme prêtée quand vient l'échéance, se trouve, lui et sa famille, totalement ruiné. Encore à ce moment, le cabaretier usurier trouve moyen de l'exploiter et de l'abrutir; il lui vendra de l'alcool à crédit, contre une certaine quantité de travail à fournir à une époque éloignée. Il spécule sur cet engagement imprudent et le vend à des propriétaires de terres. En Pologne, cet ignoble marchand de goutte est souvent un juif; en Russie, il est chrétien, et vaut sensiblement moins que son confrère israélite. Dans la Petite Russie, on le surnomme *Koulàk*, ce qui veut dire le « poing », parce qu'il poigne son malheureux client, et on dit de lui : « Le juif a parfois des faiblesses; le *Koulàk* n'en a pas! » C'est un créancier impitoyable! C'est un être à part; le petit paysan russien est le plus souvent maigre, avec une expression plus ou moins mystique; s'il se fait *Koulàk*, il change de nature : la vie casanière et l'alcoolisme le rendent gras; l'habitude d'exploiter les autres le rend férocement positif.

On prétend que, malgré sa dureté, il trouve moyen d'être assez sympathique au paysan, et on m'a cité ce proverbe petit russien : « Le *Karàs* (c'est une sorte de poisson) aime à être cuit dans la crème aigre; ainsi le paysan aime à être dévoré par son *Koulàk!* »

Nul doute que si la Russie était un pays parlementaire, le *Koulàk* n'y fût, comme ailleurs, grand électeur. Mais la Russie n'a pas de Parlement et le gouvernement n'a pas voulu que le paysan fût mangé par le *Koulàk*, c'est-à-dire que le peuple russe fût gangréné. A quoi bon l'avoir arraché à l'abrutissement du servage si c'est pour l'abandonner à l'abrutissement de l'alcool? Le second mal (c'est le nôtre, hélas! de plus en plus malfaisant) est pire que le premier.

Je me propose d'expliquer comment on a combattu le mal, et quels ont été, jusqu'à ce jour, les résultats obtenus.

II. *Exposé du système de monopole russe.* — « Notre monopole n'a rien de commun avec celui de M. Alglave! Rien, absolument rien! C'est juste le contraire! » Ainsi me parlait M. de Markoff, organisateur et directeur (en 1897) du monopole de l'alcool, que j'avais été voir pour lui demander des documents statistiques sur la question. M. de Markoff est aujourd'hui remplacé par M. Kotelnikof.

M. de Markoff est un véritable apôtre; c'est un homme de haute taille, très droit, très svelte, orné d'une épaisse chevelure blanche; sa physionomie très intelligente, son regard très bon, et surtout sa parole abondante et persuasive inspirent la sympathie et la confiance. Il a la réputation d'être profondément respectable, et passionnément dévoué à la lutte contre l'alcoolisme qui est l'œuvre de sa vie [1].

« M. Alglave, reprit M. de Markoff, veut réserver à l'État le monopole de la vente en gros, que nous laissons libre; et il veut laisser libre la vente au détail, que nous attribuons exclusivement à l'État. Vous voyez que c'est justement le contraire. Mon avis est que notre système vaut incomparablement mieux que le sien! »

On exprimerait peut-être une pensée analogue en disant que M. Alglave a accommodé, du mieux qu'il a pu, le principe du monopole à notre état démocratique, en ménageant à la fois la chèvre (le distilla-

1. Je le mettrai souvent en cause au cours de ce chapitre. Il m'a fourni sur le monopole de l'alcool beaucoup de chiffres inédits qu'il a bien voulu m'autoriser à publier si je le voulais. J'ai reproduit ci-après une partie des entretiens que j'ai eus avec lui sous une forme peut-être un peu différente de celle qu'il employait.

teur) et le chou (le cabaretier, chou très puissant et exigeant), et en plaçant entre eux l'État, loyal marchand en gros et honnête rectificateur d'alcool.

M. de Markoff n'avait pas à s'occuper de tant d'intérêts divers. Il pouvait librement faire converger tous ses efforts vers un seul but : la diminution de l'alcoolisme, le salut du peuple russe!

Voici comment :

A certaine époque, on prévient tous les cabaretiers d'un gouvernement que, dans six mois, leur boutique sera supprimée. Au moment même où tous ces bouges sont fermés, l'administration ouvre un certain nombre de débits tenus par des employés payés à l'année, qui n'ont par conséquent aucun intérêt à pousser à la consommation, et qui, au contraire, sont soumis à des règlements propres à la restreindre.

« A combien de millions ont dû monter les indemnités à payer aux cabaretiers expropriés! m'écriai-je la première fois que l'on m'expliqua ce système. Cela a dû coûter terriblement cher! — Cela n'a rien coûté du tout, répondit mon interlocuteur; vous n'auriez pas voulu qu'on donnât à ces canailles de *Koulàk* la moindre indemnité! Aussi ne l'a-t-on pas fait. On avait besoin de leur échoppe, et on l'a prise; il n'y avait pas d'autre explication à leur donner. — De sorte que si j'ai une maison et que l'administration publique en ait besoin, elle n'a qu'à prendre sans m'indemniser? — Certes non! la propriété est sacrée; et jamais on ne vous prendra votre propriété, quelle qu'elle soit, sans vous indemniser largement. Mais vous faites confusion; il s'agit de la boutique d'un *Koulàk*, ce n'est pas là une propriété; il tenait cette boutique d'une licence de l'autorité, licence essentiellement révocable; on lui retire cette licence;

il n'a rien à réclamer. Et de fait, pas un seul n'a osé faire entendre la moindre protestation.

— A la place des cabarets tenus par des *koulàks*, on a donc ouvert des cabarets officiels. Cabaret pour cabaret, est-ce donc un grand avantage?

— Certes oui! car entre le puant *cabaret* tenu par l'ignoble *Koulàk*, prêteur sur gages et usurier, abrutissant le paysan en même temps qu'il le ruinait, et le *débit* de l'État il n'y a aucune ressemblance.

« Le gérant du débit n'est pas usurier, ne vend pas à crédit, et ne pousse pas à la consommation : ce sont déjà trois grands avantages. Il ne vend que de l'alcool rectifié, chose inconnue de l'antique cabaretier, en sorte que l'alcool est moins nuisible qu'il ne l'était autrefois. Mais la différence capitale entre les deux établissements n'est pas là; elle est bien plus importante : elle réside dans ce fait que *l'alcool est vendu en petites bouteilles qu'il est interdit d'ouvrir dans le débit.*

« C'est là le point important, me dit M. de Markoff. Il faut être un peu psychologue pour s'en rendre compte. Ce qui rend le cabaret si dangereux, en Russie comme en France, c'est que les hommes s'y rassemblent pour causer en buvant, s'offrent réciproquement des tournées, jouent leurs consommations aux cartes, et par tous ces procédés ne cessent de s'exciter réciproquement à boire davantage. C'est ainsi qu'on devient ivrogne, sans y penser. Le nombre des hommes qui se saoulent de propos délibéré est, croyez-le bien, restreint. Le nombre de ceux qui se laissent entraîner est immense. Et, après avoir cédé au vice par la force de l'exemple, ils en prennent la passion et ne songent plus à lui résister. Tout cela, par cette simple prescription que l'alcool est vendu en bouteilles, est supprimé. Voilà donc le paysan sorti du débit, sa bouteille à la main. Où va-t-il aller pour en boire le contenu? Chez lui, au plus vite, surtout si c'est en hiver (en été le paysan ne boit pas, il n'a pas le temps) et par conséquent *sa femme le saura.*

« Sa femme, voilà mon auxiliaire dans la lutte contre l'alcoolisme. C'est elle qui sauvera le peuple russe de l'alcool!

« Ce n'est pas pour avoir bu une de ces petites bouteilles — elles ne contiennent guère que 40 grammes d'alcool et coûtent 5 kopecks, c'est-à-dire deux sous et demi [1] — qu'un paysan sera bien malade. Je vais plus loin, je crois qu'il n'a pas tort de la boire; cet homme est mal nourri, il vit sous un climat très âpre, et je crois que quelques grammes d'alcool rectifié peuvent lui être utiles. Mais c'est la récidive qui lui serait fatale; c'est elle que je crains, ou plutôt, non, je ne la crains pas, car pour qu'il ait une nouvelle bouteille, il faut qu'il prenne chez lui 5 autres kopecks; il faut qu'il retourne la chercher, et qu'il la rapporte, et tout cela, *sa femme le saura!*

« Elle ne lui en fera peut-être pas de reproche, la malheureuse créature, mais elle le saura. Et c'est pourquoi il ne retournera pas chercher une nouvelle bouteille; il craindra de rencontrer le regard de sa femme! »

Ainsi devaient être supprimées en fait les réunions de buveurs, les querelles de cabarets, les rixes d'ivrognes. Les débits sont des endroits tellement tranquilles que très souvent ils sont tenus par des femmes.

Voici le nombre et le sexe des employés chargés

1. Leur contenance varie de 6 centilitres à 3 litres.

de la vente en détail de l'eau-de-vie dans les débits de l'État, à la date du 1er janvier 1896, dans les gouvernements à monopole de la région orientale de l'empire :

Gouvernement de	Perm......	924	hommes	26	femmes.
—	Oufa.......	467	—	114	—
—	Samara.....	721	—	92	—
—	Orenbourg..	450	—	64	—

« Soit, dira-t-on peut-être, les débits sont tranquilles comme des bureaux de poste, mais des ivrognes, déterminés à s'enivrer et à se battre, ne peuvent-ils pas aller se livrer ailleurs à leurs ébats favoris? » Cela est possible, en effet. On dit même que cela a été beaucoup plus fréquent qu'on ne le craignait.

Ainsi, l'alcool n'est vendu qu'en bouteilles cachetées. Il y en a de trois grandeurs : la plus petite contient peut-être 40 grammes d'alcool; la plus grande en contient quatre fois plus. Ces bouteilles ne peuvent être ouvertes qu'en dehors du débit.

A cette règle, qui est essentielle, s'en joignent quelques autres accessoires. Les débits ne sont ouverts qu'à certaines heures : le dimanche et les jours de fête, ils ne le sont que de midi à sept heures du soir. C'est qu'en effet, le paysan russe ne boit guère pendant la semaine; c'est surtout pendant l'oisiveté du dimanche et des jours de fête, et surtout au commencement de l'hiver, lorsque les travaux des champs sont arrêtés et que la vente des récoltes met quelque argent dans sa poche, que le paysan cède à la tentation de boire jusqu'à l'ivresse. On abrège donc le plus possible la durée de cette tentation [1].

1. Voici quelques détails complémentaires.
En dehors des débits officiels d'alcool, de simples particuliers, tels

La fabrication de l'alcool reste libre, ni plus ni moins que par le passé. Les cabaretiers d'autrefois ne s'embarrassaient pas du soin de vendre de l'alcool rectifié. Les débits de l'État, au contraire, n'en vendent pas d'autre. Ce n'est pas que l'administration russe, et M. de Markoff, notamment, attachent à la rectification de l'alcool l'importance tout à fait exagérée que lui attribuent certains auteurs; quelques-uns ont même parlé « d'alcool hygiénique »! Ces deux mots hurlent d'être ensemble; le principe nuisible de l'alcool, c'est l'alcool lui-même, mais enfin l'alcool rectifié est moins vénéneux que celui qui est *parfumé* par divers acides gras. La rectification de l'alcool qui autrefois ne se faisait jamais, est aujourd'hui prescrite dans toutes les provinces à monopole. C'est une industrie nouvelle qui vient de se créer de toutes pièces; quelquefois, la rectification se fait dans des usines appartenant à l'État et construites par lui à cet usage; le plus souvent, elle est faite par l'industrie privée, mais toujours sous la surveillance de l'État.

Lorsque j'étais en Russie (été 1897), le système que je viens de décrire, fonctionnait dans 13 gouvernements (4 à l'est, 9 dans le sud-ouest), comprenant 22 millions et demi d'habitants, et on se préparait à l'appliquer dans le nord-ouest et en Pologne. Il y avait 10.288 débits tenus par les employés de M. de Markoff.

III. *Résultats moraux et financiers.* — Je viens

que les restaurants (*traktirs*), pourront être autorisés à vendre les bouteilles de la régie et les laisser consommer sur place.

En outre, dans les villes, les cafés et restaurants élégants, s'adressant à une clientèle riche, les buffets des gares, etc., peuvent vendre l'eau-de-vie au petit verre.

Toutes ces autorisations sont essentiellement révocables.

d'expliquer le système. Je dois maintenant en faire connaître les résultats : d'abord les résultats hygiéniques et moraux, ensuite les résultats financiers qu'illustre une remarque très intéressante de M. de Markoff.

Ce serait se tromper de parti pris que de supposer que le monopole de l'alcool peut avoir pour effet de supprimer d'un seul coup l'ivrognerie et la consommation exagérée de l'alcool. Un décret, même du Tsar, n'agit pas comme un coup de baguette magique. Il peut se faire que les mesures prises par M. de Markoff diminuent à la longue le nombre des ivrognes, et surtout qu'elles empêchent les nouvelles générations de contracter par entraînement des habitudes d'intempérance, mais elles ne peuvent pas guérir du jour au lendemain les alcooliques dès à présent existants ; qui a bu avant le monopole, boira après le monopole — mais boira peut-être moins.

Les effets du monopole ont été appréciés avec un optimisme ridicule par les uns, avec une malveillance passionnée par les autres. Tenons-nous-en à l'étude impartiale des chiffres :

Pour juger des effets que le monopole a pu avoir sur la consommation de l'alcool, il faut évidemment avoir les chiffres de cette consommation avant et après l'institution du monopole. Ces chiffres, encore manuscrits, m'ont été fournis au ministère des Finances.

Sont-ils exacts? J'ai interrogé sur ce point beaucoup de Russes bien placés pour le savoir : statisticiens, propriétaires ruraux, publicistes, et je puis dire que leur réponse a été unanime : la fraude sur l'alcool est impossible en Russie, au moins sur une

Consommation de l'alcool (eau-de-vie comptée en milliers de vedros d'alcool absolu).
(Un vedro = 12 litres 3)

GOUVERNEMENTS	POPULATION évaluée en 1885	POPULATION recensée en 1897	AVANT L'ÉTABLISSEMENT DU MONOPOLE											SOUS LE RÉGIME DU MONOPOLE						
			1885	1886	1887	1888	1889	1890	1891	1892	1893	1894	1895	1895	1896	1897	1898	1899	1900	1901
RAYON MÉRIDIONAL															1					
Bessarabie	1.526.402	1.936.103	412	359	419	391	340	361	375	366	351	467	435	—	107	220	456	372	238	253
Volhynie	2.196.049	2.909.340	774	673	688	720	697	663	645	634	620	617	622	—	209	462	508	563	572	539
Ekaterinoslaf	1.792.831	2.112.651	362	592	720	517	523	441	472	496	532	636	610	—	295	580	706	802	774	679
Kief	2.847.607	3.564.433	1.174	1.081	960	1.056	1.052	905	920	898	826	926	913	—	376	778	873	998	949	876
Podolie	2.364.869	2.030.040	903	842	887	1.032	950	792	776	709	659	814	757	—	292	563	646	717	648	588
Poltava	2 653.489	2.794.750	605	503	618	616	627	550	544	523	469	525	544	—	199	442	470	530	509	477
Tauride	1.060.004	1.443.835	372	399	430	427	477	387	352	319	365	415	308	—	197	356	398	389	356	320
Kherson	2.026.853	2.728 508	760	670	704	944	944	803	761	664	748	947	889	—	370	719	889	831	690	708
Tchernigof	2.075.807	2.322.007	658	606	545	530	510	487	469	489	479	507	504	—	143	203	331	363	403	402
TOTAUX	18.513.731	22.032.079	6.090	6.755	5.937	6.233	6.420	5.449	5.314	5.458	5.058	5.854	5.672	—	2.188	4.401	5.277	5.585	5.439	4.842
RAYON ORIENTAL														(1)						
Orenbourg	1.244.778	1.608.388	321	301	278	248	244	237	164	161	193	175	—	180	207	243	252	296	332	386
Perm	2.649.573	3.002.655	604	639	536	546	569	537	401	444	490	546	—	454	525	538	553	577	634	607
Samara	2.412.887	2.761.854	644	575	631	492	437	385	309	342	361	345	—	377	408	445	444	460	557	577
Oufa	1.874.454	2.219.838	218	220	175	194	210	236	211	226	233	206	—	169	189	202	197	545	301	318
TOTAUX	8.181.392	9.592.732	1.784	1.735	1.620	1.480	1.420	[illegible]	[illegible]	1.140	1.219	[illegible]	—	1.180	1.320	1.428	1.443	1.578	1.824	1.918

1. Ces chiffres ne comprennent que la moitié de l'année depuis le 1er juillet, date de l'introduction du monopole.

échelle de quelque importance. Quoiqu'il soit très difficile qu'un fraudeur puisse fabriquer une quantité notable d'alcool, admettons qu'il y parvienne. S'il le fabrique, c'est évidemment pour le vendre. Mais pour le vendre, il faut le transporter; or, presque tous les chemins de fer appartiennent à l'État! La fraude est donc pratiquement impossible, et les chiffres qui m'ont été fournis représentent bien la vérité.

Reste à les interpréter.

Examinons d'abord les chiffres qui précèdent l'établissement du monopole. Ils montrent que, dans la plupart des gouvernements considérés, l'alcoolisme semblait avoir quelque tendance à la baisse, notamment pendant les années de disette 1891 et 1892. Mais cette tendance heureuse est peu marquée, avant l'établissement du monopole. Dès que celui-ci est établi, nous constatons dans les neuf gouvernements du rayon méridional, une baisse brusque qui atteint en moyenne près d'un tiers de la consommation totale. Résultat considérable qu'il y aurait injustice évidente à ne pas attribuer au monopole.

Le résultat obtenu dans les quatre gouvernements du rayon oriental est beaucoup moins net.

On m'a dit, en Russie, que la quantité d'alcool consommé était en relation étroite avec l'abondance de la récolte. Cela ne paraît pas résulter nettement de l'examen des chiffres. Il est bien vrai que dans les années de disette, telles que 1891, il y a une baisse légère dans la consommation de l'alcool. Mais, en dehors de cette année calamiteuse, on ne voit pas la relation indiquée. Pour que le lecteur puisse en juger par lui-même, nous publions l'état de la récolte en 1888-97 d'après la statistique officielle.

Produit net de la récolte par habitant (les villes exceptées). En pouds.

Toutes les céréales : froment, seigle, avoine, orge, épeautre, sarrasin, millet, maïs.

	1888	1889	1890	1891	1892	1893	1894	1895	1896	1897
Bessarabie...	56.01	24.61	53.94	55.87	24.32	83.65	33.34	51.59	26.08	61.56
Volhynie.....	19.67	13.81	18.13	21.70	22.65	22.07	22.93	16.44	25.07	18.71
Ekaterinoslaf.	52.70	11.56	21.86	36.37	59.08	86.06	57.77	39.90	42.90	38.59
Kiev.........	31.47	16.14	26.46	25.64	20.93	29.06	29.96	29.30	27.50	19.88
Podolie......	31.45	11.17	27.96	24.45	16.26	37.67	30.79	31.74	28.94	20.33
Tauride......	84.05	30.37	42.56	35.30	71.79	98.43	84.35	61.61	60.60	53.32
Kherson......	65.62	17.24	60.42	32.60	34.39	115.91	69.93	71.37	46.69	56.55
Tchernigof...	12.95	12.51	17.09	15.22	19.24	16.95	21.56	15.07	13.99	16.13
Perm........	15.40	20.9[illegible]	14.05	14.10	19.16	29.83	31.77	27.80	30.66	25.72
Oufa.........	16.29	22.12	10.08	10.70	26.66	32.48	24.12	25.51	18.39	19.83
Orenbourg...	15.16	15.74	14.80	2.21	42.63	30.10	18.07	25.88	30.67	13.76
Samara.......	17.96	18.88	18.69	6.16	15.35	23.56	41.25	29.37	47.36	24.63
60 gouvernements...	27.04	20.04	23.70	17.22	21.01	31.28	29.49	25.82	26.23	21.34

Les chiffres suivants font connaître les résultats financiers de l'exploitation du monopole (voir le tableau p. 176).

On voit que, sur 100 kopecks déboursés par les buveurs, il y en a plus de 70, c'est-à-dire près des trois quarts, qui vont directement et sans difficulté se loger dans la caisse du Trésor. C'est à gros traits le résultat que produit chez nous le monopole des tabacs.

Mais le monopole vise un but plus élevé qu'une simple rentrée d'impôts. C'est donc d'un point de vue plus noble qu'il faut considérer les chiffres qui précèdent. Et pourtant M. de Markoff m'a fait valoir une considération extrêmement curieuse et que je recommande à l'attention des philosophes et des hommes d'État qui me feront l'honneur de me lire :

« Ce sont là d'assez beaux résultats financiers,

Résultats financiers du monopole de l'alcool depuis l'époque de son établissement en 1897 :

GOUVERNEMENTS.	RECETTES provenant de la vente d'alcool.	DÉPENSES (Valeur de l'alcool et frais d'exploitation de tout genre, hormis l'amortissement du capital dépensé pour le premier établissement.)	BÉNÉFICE NET.
ANNÉE 1895[1].	Roubles.	Roubles.	Roubles.
Orenbourg	3.685.393	1.214.148	2.356.619
Perm	9.304.512	2.726.646	6.908.961
Samara	6.945.150	1.692.475	5.415.559
Oufa	3.327.465	1.158.014	2.788.363
Ensemble	23.262.470	6.791.283	17.469.502
ANNÉE 1896.	Roubles.	Roubles.	Roubles.
Orenbourg	4.201.494	1.258.281	2.943.213
Perm	10.462.564	2.962.635	7.499.929
Samara	7.492.084	1.795.327	5.696.757
Oufa	3.707.862	1.160.962	2.546.900
Ensemble	25.864.004	7.177.205	18.686.799
ANNÉE { 1er juillet 1896 au 30 juin 1897.	Roubles.	Roubles.	Roubles.
Bessarabie	1.932.782	782.946	1.149.836
Volhynie	3.702.695	1.321.178	2.381.517
Ekatérinoslaf	5.256.481	1.485.331	3.771.150
Kief	6.698.343	2.040.520	4.657.823
Podolie	5.143.034	1.740.153	3.402.881
Poltava	3.524.711	1.265.381	2.259.330
Tauride	3.546.464	1.162.605	2.383.859
Kherson	6.617.051	1.907.646	4.709.405
Tchernigof	2.494.436	867.740	1.626.396
Ensemble	38.915.697	12.573.500	26.342.197

1. On remarque que pour l'année 1895 le bénéfice net est un peu supérieur à la différence entre les recettes et les dépenses.

me dit-il en me montrant ces chiffres. Ils sont trop beaux; je les voudrais moindres, dans l'intérêt du Trésor.

— Je vous entends, lui répondis-je. Vous poursuivez une réforme à la fois morale et hygiénique, et vous la désirez aussi complète que possible...

— Non! Ce n'est pas à ce point de vue que je me place actuellement. Certes, notre but est de combattre l'alcoolisme, et plus nos recettes seront basses, plus je serai satisfait au point de vue moral. Mais je le serai aussi au point de vue fiscal, au point de vue le plus étroitement, le plus bêtement fiscal!

— Sans doute, parce que le paysan étant moins alcoolique, travaillera davantage, et au bout d'un certain temps, produira davantage.

— Oui sans doute, mais ce point de vue est encore plus élevé que celui auquel volontairement je m'abaisse en ce moment. Je veux me mettre au niveau tout à fait terre à terre des économistes français qui ont écrit sur le monopole suisse, par exemple, et qui, ne comptant pour rien l'amélioration morale et physique, se refusent à contempler l'avenir d'un peu loin, et se bornent systématiquement à déplorer la diminution de la vente parce que, vendant moins, le Trésor reçoit moins. Eh bien, je dis que ce compte est faux, et que, si l'on calcule bien, on trouve que vendant moins d'alcool, l'État reçoit plus d'argent.

— Je ne comprends pas.

— Vous allez comprendre. L'argent que le paysan, entraîné par l'exemple, allait dépenser chez le cabaretier, et que, grâce au monopole, il réserve à un usage meilleur, ne restera pas dans sa poche; il l'emploiera à d'autres dépenses, et ces dépenses auront, comme l'alcool, un caractère somptuaire; par conséquent, elles paieront impôt. Par exemple, le paysan au lieu de passer les longues soirées d'hiver au cabaret, les passera chez lui; il s'y réchauffera l'estomac non pas avec de l'alcool, mais avec du thé, ce qui paie impôt; il y mettra du sucre, ce qui paie impôt; il s'éclairera avec du pétrole, ce qui paie impôt; il consommera plus de tabac, ce qui paie impôt; une pipe suppose des allumettes qui paient également impôt. Voilà pour le Trésor, bien des ressources. Ces ressources compensent — et cela, de la façon la plus heureuse — la moins-value du produit de l'alcool.

« Voici les chiffres qui le prouvent. Ils sont tout récents, je viens de les recevoir. Ils concernent le premier semestre de l'année actuelle (1897).

« Nous avions calculé que, grâce au monopole, l'impôt sur les boissons produirait environ 5 millions de roubles de moins que pendant la période correspondante de l'année précédente. Le déficit a été plus grand : il a dépassé 6 millions. Tant mieux!

« Tant mieux pour le peuple russe! Mais tant mieux aussi pour le Trésor, tant mieux (vous m'entendez bien) pour les recettes *actuelles*. Car, si les boissons rapportent 6 millions de moins, les autres impôts indirects (tabac, sucre, pétrole, allumettes) rapportent six millions *et demi* de plus.

« Au reste, voici les chiffres :

Recettes du trésor pour les six premiers mois de l'année courante (1897) comparées à celles de la période correspondante en 1896.

	1896 — Roubles	1897 — Roubles.
Impôts sur les boissons........	128.059.882	121.861.267
Total des impôts indirects (tabac sucre, pétrole et allumettes) moins les boissons...........	32.809.730	39.272.547
Totaux........	160.869.612	161.133.800

« Ainsi, le Trésor a gagné à ce déficit apparent.

Il a gagné non seulement pour l'avenir (à ce point de vue, le gain est incalculable), mais pour l'époque présente elle-même, et en se plaçant au point de vue le plus misérablement fiscal. »

N'y a-t-il aucune objection à faire à cette remarque ingénieuse de M. de Markoff? Une période d'observation plus longue est certainement nécessaire pour permettre d'affirmer que cette balance entre le produit de l'alcool et le produit d'autres impôts somptuaires se continuera et qu'elle n'est pas un résultat fortuit. La remarque n'en est pas moins très intéressante.

D'ailleurs, comme le dit très bien M. de Markoff lui-même, c'est de plus haut qu'il faut voir les choses. Il est bon qu'il y ait sur l'alcool des impôts énormes. Mais il est mieux encore que cet impôt ne soit pas payé. La richesse du pays, et, par conséquent, sa force contributive, en croîtront d'autant.

— IV *Conclusions*. Tandis que je flânais dans la *perspective Nevski* en réfléchissant aux chiffres que je venais de voir, mon imagination se plaisait à invoquer le souvenir d'un de mes maîtres et amis en économie politique. Il appartient à la vieille école orthodoxe; il a le bonheur de prendre les « principes » économiques pour des vérités scientifiques, et il a l'habitude de les pousser inflexiblement jusqu'à leurs extrêmes conséquences, si révoltantes qu'elles soient. En quoi il est logique, car, puisque les « principes » sont vrais, leurs conséquences doivent l'être.

Quelle figure indignée il aurait faite, s'il avait entendu M. de Markoff! « Attentat contre la liberté commerciale! Oubli volontaire de la théorie de l'impôt! Violation de la liberté individuelle, de toutes les libertés et de tous les « principes »! Tout cela pour *protéger* (horreur!) le peuple russe contre l'ivrognerie! Est-ce qu'on doit protéger le peuple? Qu'il se protège lui-même!

— Mais il ne se protège pas, si l'alcoolisme menace (comme c'est le cas en France) l'avenir de la nation?

— Qu'elle en meure, dans ce cas! Ce sera bien fait, car elle aura prouvé qu'elle n'est pas digne de vivre!

« Ainsi du moins les « principes » seront respectés. »

D'autres économistes n'ont pas le cœur d'aller, comme celui-là, jusqu'au bout des enseignements de leur prétendue science. Ils consentent qu'on combatte l'alcoolisme, car c'est le « bon combat », mais à condition qu'on ne se serve contre lui que d'armes soigneusement mouchetées et bien inoffensives. D'abord l'État ne doit pas entreprendre cette lutte, car l'économie politique condamne « l'étatisme ». Il faut donc créer des associations privées qui agissent par persuasion en prêchant les buveurs! Le malheur est que ceux-ci s'abstiennent d'entendre les homélies de ces messieurs (combien ils ont raison!) et que les tempérants en sont réduits à se prêcher entre eux. Ils n'y manquent pas!

Les sociétés de tempérance ont pourtant produit de bons effets, en Suède par exemple, mais c'est en provoquant l'action des pouvoirs publics. Le système de Gotembourg qui est, en partie, leur œuvre, ressemble assez au monopole russe.

Quant au système des *tracts* qu'on ne lit pas, des conférences qu'on n'écoute pas et des affiches dont on se moque, je me suis gardé d'en parler à M. de Markoff : je crois que toutes ces belles idées lui auraient paru assez puériles ; il a entre les mains un instrument incomparablement plus efficace. Je ne lui ai pas fait remarquer non plus qu'il viole la liberté individuelle des ivrognes, la liberté commerciale des *Koulàks,* et qu'il lèse les « principes » des économistes. Il est probable que cela lui est égal et qu'il préfère garer le peuple russe de l'alcoolisme. Si je lui avais présenté ces graves objections, il n'y aurait sans doute répondu que sommairement.

Du monopole de la vente au détail dans la Caroline du Sud.

Le monopole de la vente au détail existe dans l'État de la Caroline du Sud [1] depuis le 1er juillet 1893.

Nous avons déjà expliqué combien une loi qui ne veille qu'aux intérêts publics rencontre d'obstacles aux États-Unis (voir p. 134). A ces difficultés s'en joint une autre, très grave, dans la Caroline du Sud ; c'est que plus de la moitié des habitants sont des nègres pur sang : sur 1.151.149 habitants en 1890, il y avait 462.008 blancs et 689.141 nègres. D'autre part, la population est presque exclusivement rurale ; en 1890, il n'y avait que cinq villes de plus de 5.000 habitants ; cela, nous l'avons vu, est une condition favorable. Les difficultés n'en sont pas moins très graves dans cet État.

Avant 1893, il s'était mis au régime de la prohibition (sauf les communes ayant des chartes ; celles-ci jouissaient de l'option locale). Depuis 1893 [2], la

1. Et aussi d'après M. Dupré La Tour, dans quelques comtés de la Caroline du Nord, de l'Alabama et de la Géorgie.

2. Cette loi fut deux fois condamnée par la Cour suprême comme

vente de toute boisson alcoolique fut un monopole d'État. C'est ce qu'on appelle le *Dispensary System*. Voici en quoi il consiste :

Tous les débits furent fermés *sans indemnité*, exactement comme en Russie.

Ils furent aussitôt remplacés par des « Dispensaires » appartenant à l'État, et chargés de la vente au détail [1]. Ces « dispensaires » achètent les boissons à un commissaire désigné et contrôlé par un Bureau de direction (*State board of control*) composé de cinq membres nommés par l'Assemblée générale.

On ne boit pas dans les boutiques des *Dispensaires*. On achète l'eau-de-vie en quantités supérieures à 1 pinte et inférieures à 5 gallons [2], et on l'emporte. Le premier venu ne peut pas acheter ; il faut, pour en avoir le droit, en faire la demande écrite ; elle n'est pas acceptée, si l'impétrant est connu comme intempérant.

Le but poursuivi était double : 1° diminuer les maux causés par le trafic des liqueurs en le retirant au commerce privé pour le conférer à l'Etat ; 2° attribuer à l'État, aux comtés et aux municipalités le profit de la vente (la totalité des bénéfices réalisés par le commissaire d'État — chargé de la vente en gros — appartient à l'État et doit être consacrée aux écoles ; les bénéfices réalisés par les dispensaires chargés de la vente au détail sont partagés par moitié entre le comté et la municipalité).

inconstitutionnelle. Il en résulte que du 21 avril au 1er août 1894 et pendant quelques mois de 1897 et 1898, elle subit des éclipses passagères pendant lesquelles le commerce de l'alcool redevient libre. En mai 1898, la Cour suprême la déclara constitutionnelle.

1. Ces dispensaires ne peuvent être établis si la majorité des électeurs d'un comté s'y oppose.

2. 1 gallon = litres 4l,543.

On voit que ce système ressemble, par certains traits, au système de Gotembourg et surtout au monopole russe. Il se distingue du système de Gotembourg par ce fait que le monopole de vente appartient à l'État au lieu d'appartenir à des compagnies philanthropiques privées; il se distingue du monopole russe parce que les caisses sont intéressées à la vente. Il se distingue de tous deux (et gravement) parce que les préposés des dispensaires sont payés en raison du chiffre d'affaires qu'ils font et aussi parce que ces dispensaires sont entre les mains des politiciens [1]. MM. Rowntree et Sherwell signalaient déjà cet écueil et le redoutaient. L'avenir devait leur donner raison. Depuis que leur livre a paru, deux directeurs de la régie ont été convaincus de concussion; les cabarets clandestins se sont entendus avec la régie, etc. Ce sont choses fréquentes en Amérique. On a mis ordre à ces scandales; mais ils sont dus à des causes profondes qui subsistent.

Le monopole de vente au détail a produit dans la Caroline du Sud les résultats suivants :

1° Une réduction considérable du nombre des débits :

	Population, 1890	Nombre des débits en 1892.	Nombre des dispensaires en 1895.
État de la Caroline du Sud.	1.151,149	613	81
Ville de Charleston.	54.955	285	7
— Columbia.	15.352	38	4

2° Une diminution assez sensible du nombre des arrestations pour ivrognerie :

1. On a senti la gravité de ce danger et on a pris, pour y remédier, des mesures reconnues inefficaces. Autrefois le Board of Control était composé du Gouverneur, du Contrôleur général et de l'Attorney général. On y a substitué 5 membres nommés par l'Assemblée générale. Évidemment ce n'était pas un progrès.

	Ville de Charleston.				Ville de Columbia.			
	(Avant la loi.)							
1888. . .	715	soit	13	pour 1.000 hab.	Pas de renseignement.			
1889. . .	868	—	16	—	—			—
1890. . .	801	—	15	—	—			—
1891. . .	849	—	15	—	247	soit	16	pour 1.000 hab.
1892. . .	690	—	12	—	201	—	13	—
	(Après la loi.)							
1893. . .	412	—	7	—	187	—	12	—
1894. . .	459	—	8	—	182	—	11	—

Ceci n'est qu'un indice; il est fâcheux que nous n'ayons pas de chiffres postérieurs à 1894.

3° Les résultats financiers ont été les suivants.

Avant 1893, les 613 *bars* existants avaient rapporté en 1892, une somme de 1.077.000 francs.

On avait pensé que les dispensaires rapporteraient un profit net annuel de 2.500.000 fr. Le profit net fut moindre: il s'éleva en moyenne à environ 800.000 fr. pendant les trois premières années d'application de la loi et à 1.500.000 fr. pendant les trois années suivantes. En 1901, il atteignit 2.730.000 fr. Le montant des ventes avait atteint, dans cette dernière année, 11.645.000 fr. (non compris les dispensaires de bière) [1].

Ces derniers chiffres, satisfaisants au point de vue fiscal, sont plus inquiétants au point de vue de l'hygiène et de la moralité publique.

MM. Rowntree et Sherwell, dans leur excellent ouvrage, résument ainsi leur conclusion. « Les mérites du système des dispensaires sont faciles à voir : il supprime les débits; il réduit le nombre des lieux de vente et limite les heures de vente; il supprime les ventes à crédit, et fournit une liqueur pure; il la vend seulement « pour emporter ». Mais

1. Ces chiffres sont empruntés en grande partie à MM. Rowntree et Sherwell; ils sont completes grâce à M. Dupré La Tour (*Musée social*, juin 1903).

on doit craindre les inconvénients que, tôt ou tard, on doit attendre d'un monopole d'État dans lequel les finances publiques profitent d'un accroissement de consommations et souffrent d'une diminution [1]. Avec tous ses défauts, le système des dispensaires est un grand progrès. »

Du monopole de la vente au détail en Norvège.

Le tableau de la page 8 montre qu'à notre époque c'est en Norvège que la consommation de l'alcool présente le minimum; la Suède occupe également un rang très honorable. Il n'en a pas toujours été ainsi, mais l'alcoolisme a beaucoup diminué dans ces deux pays, et cet heureux résultat s'accentue d'année en année.

En France, nous observons justement le phénomène opposé. Dans plusieurs autres pays, on voit de même la consommation de l'alcool suivre une ligne ascendante.

Si la Suède et la Norvège sont plus favorisées, cela tient sans aucun doute à l'application de la législation connue sous le nom de système de Gotembourg [2]. Nous allons étudier ce système sous sa forme la plus récente et la plus perfectionnée (loi norvégienne du 23 juillet 1894); dire dans quelles conditions j'en ai *vu* l'application; dire ses conséquences sur l'état physique et moral du peuple norvégien, en s'appuyant sur les statistiques les

1. Ces messieurs sont terriblement exigeants. Quel est l'État au monde qui n'en est pas là?

2. En suédois *Göteborg*. Il n'y a donc aucune raison pour écrire Gothembourg avec un *h* comme on le fait souvent.

plus authentiques; expliquer enfin par quels moyens pratiques la Norvège a pu réaliser une réforme aussi bienfaisante; ce dernier chapitre suggérera sans doute au lecteur comment on pourrait en France profiter d'une expérience aussi concluante.

Loi norvégienne du 23 juillet 1894.

Le système de Gotembourg, inauguré par la loi suédoise de 1855, sous l'inspiration de Peter Wieselgren, doyen de Gotembourg, a subi un grand nombre de modifications successives que nous ferons connaître plus loin. Actuellement la meilleure application du système, son plein développement s'observe en Norvège. Nous allons donc exposer le système norvégien actuel loi du 23 juillet 1894 et dire comment il fonctionne. Puis nous verrons pourquoi et comment les règles actuelles ont peu à peu été établies.

Disons tout de suite que le système de Gotembourg ne concerne que la *vente des liqueurs fortes* (constituées par plus de 21° pour 100 d'alcool). Nous parlerons plus loin des lois et règlements relatifs au vin et à la bière.

En ce qui concerne les campagnes, la loi est bien simple. Elle y *interdit* la vente *au détail* des liqueurs fortes. Un habitant des campagnes est parfaitement libre de faire venir chez lui, pour son usage personnel, telle quantité d'alcool qui lui plaira; mais il n'a pas le droit de la vendre au détail. C'est le système prohibitionniste (appliqué à l'eau-de-vie, mais non pas au vin et à la bière comme dans certains États américains).

En ce qui concerne les villes [1], la population a le choix entre deux systèmes : ou bien la prohibition absolue de la vente au détail des liqueurs fortes, comme dans les campagnes, ou bien l'application du système de Gotembourg.

Voici en quoi consiste ce système :

Le monopole de la vente au détail des liqueurs fortes est concédé à une compagnie de personnes honorables, qui renoncent à tirer de leur argent plus de 5 % d'intérêt annuel; le surplus (considérable) des bénéfices de la compagnie est partagé entre la ville, l'État, et des œuvres philanthropiques.

Le point important du système (celui d'où découlent tous ses bienfaits) est celui-ci : ceux qui administrent la vente au détail de l'alcool n'ont aucun profit personnel à en espérer. Donc ils ne feront rien pour attirer le buveur, rien pour le pousser à la consommation. Ils ne lui feront jamais crédit; ils ne donneront jamais des liqueurs fortes à des enfants, ni à des individus déjà excités. A plus forte raison, ni joueurs, ni prostituées, ni autres industries coupables ou interlopes ne se trouveront dans leurs établissements. Plus leurs bénéfices sont faibles, plus ils sont contents. Si néanmoins ces bénéfices sont élevés, ils s'en consolent en songeant aux institutions philanthropiques qu'il leur sera possible de créer ou de subventionner.

Un autre grand bienfait de ce système est de mettre le député et le conseiller municipal complètement à l'abri de celui qu'on a appelé « le grand élec-

1. La qualification de ville est donnée en Norvège par tradition historique; ce titre appartient quelquefois à des agglomérations très petites (n'ayant même pas mille habitants). Toute agglomération quelque peu considérable constitue une ville; il y en a environ 60 dans le royaume.

teur », le marchand de liquides. Grand électeur, ce n'est pas en France seulement qu'il mérite ce titre; en Amérique, et surtout en Angleterre, sa toute-puissance est encore plus redoutable. Il est évident qu'en Norvège elle est nulle, grâce au système de Gotembourg.

La population des villes, avons-nous dit, est appelée à choisir entre ce système, et la prohibition absolue de la vente au détail des liqueurs fortes. Comment est-elle appelée à se prononcer? Par un plébiscite spécial qui a lieu tous les cinq ans, et auquel prennent part tous les habitants de plus de 25 ans, *quel que soit leur sexe;* les abstentionnistes sont comptés comme partisans du *statu quo* (maintien de la compagnie si la compagnie existe; maintien de la prohibition, si la prohibition a précédemment été votée). Voici le résultat de ce plébiscite pendant les quatre années 1895-98 : dans 28 villes formant un total de 125.000 habitants environ, la majorité des habitants et des habitantes a demandé l'interdiction absolue du commerce au détail des liqueurs fortes. Parmi ces villes, les plus considérables sont Stavanger et Fredrikstad. Dans 22 villes, comprenant 210.000 hab., la majorité s'est prononcée pour le système de Gotembourg. Parmi ces dernières villes se trouvent les plus importantes du royaume, et notamment Kristiania, Bergen, Trondhjem. La population de ces villes s'est montrée clairvoyante, car plus une ville est considérable, plus le système prohibitionniste est difficile à maintenir; les Américains en ont fait maintes fois l'expérience.

Nous n'avons exposé plus haut que le principe du système. Voici les détails d'application dans les villes où il est appliqué.

A Kristiania (207.000 habitants), le *Samlag* (ainsi s'appelle la compagnie concessionnaire du monopole) a le droit exclusif de vendre au détail des liqueurs fortes. Le Samlag possède et administre directement 40 boutiques où l'on peut boire des spiritueux. J'ai visité plusieurs de ces boutiques. Elles sont très remarquables. Elles ne ressemblent en rien aux débits de France ou d'Angleterre. Ce sont des boutiques assez grandes (8 à 10 mètres de façade), sans autre annonce extérieure qu'une petite plaque bleue émaillée portant l'inscription suivante. « *Kristiani Samlag for handel med Brändevin öl, m. m.* » Le mot Samlag est le seul qui soit visible d'un peu loin.

L'intérieur de la boutique est très propre. On n'y voit aucun ornement, aucune gravure d'aucune espèce; seul le règlement du Samlag est pendu au mur. Un long comptoir en bois divise la boutique en deux parties inégales; la plus grande destinée aux consommateurs qui restent debout, car il n'y a ni table, ni siège, ni rien qui y ressemble. De l'autre côté du comptoir, une jeune fille. Fait caractéristique : ce sont des femmes qui tiennent ces boutiques; cela prouve assez qu'il n'y a jamais de rixe comme il arrive dans tous les cabarets du monde, excepté dans ceux-là. Même dans les quartiers les plus populeux de Kristiania, il en est ainsi. Il est inutile de dire, sans doute, que ces jeunes filles se tiennent très convenablement et sont parfaitement respectables.

Les liqueurs qui y sont servies sont le *brändevin* et l'*aquavit* (eaux-de-vie de pommes de terre rectifiées et aromatisées au cumin), le cognac (peu authentique), le whisky anglais et le genièvre; ces liqueurs contiennent 43 p. 100 d'alcool (excepté le brändevin, 38°, et le whisky, 50°). Les petits verres contiennent 2,5 ou 3,5, ou 5 centilitres; ils sont vendus 8, ou 10 ou 15 öre (15 öre = environ 20 centimes).

J'ai visité des établissements de ce genre dans tous les quartiers de la ville, y compris ceux qui sont fréquentés par les ouvriers du port, par les pêcheurs, par les marins, par les ouvriers des plus basses classes. Les uns et les autres ne font pas de longue station dans l'établissement. Ils viennent le plus souvent par groupes de deux ou trois, causent un peu, paient la consommation (le plus souvent c'est l'un d'eux qui paie pour tous les autres) et puis s'en vont.

Naturellement, les règlements de police y sont exécutés avec une rigueur ponctuelle. Il n'y a dans les débits ni prostituées, ni jeu d'aucune sorte; les heures de fermeture sont soigneusement observées. On refuse de servir les enfants, les individus ivres, ceux qui paraissent l'être, ceux qui ont une mauvaise apparence. Ce dernier point n'est pas une légende. J'en ai vu l'application : la jeune femme qui était au comptoir a refusé, sous mes yeux, de servir un individu qui n'était certainement pas ivre, mais qui — quoique paraissant assez poli — avait assurément une tournure peu sympathique; il a insisté, n'a rien obtenu, puis il est parti sans trop maugréer. Au reste voici la statistique de ces refus de servir [1] pour la ville de Kristiania :

1. *Arsberetning fra Christiania Samlag.*

	1896	1897	1898
	—	—	—
Refus de servir à des individus ivres.	36,029	37,457	40,351
— — — qui étaient peut-être ivres.	16,934	19,751	20,228
— — enfants.	2,528	1,567	1,178
— — mendiants ou de mauvaise apparence. . . .	633	459	376
— — individus inconvenants.	247	106	156
	56,373	59,340	62,289

Ce sont là les débits les plus modestes; le *Samlag* en a d'autres plus distingués, ce sont :

1° les salles de « restaurant »; le mot n'a pas le même sens qu'en français, car on n'y mange pas, mais on peut s'y asseoir; il y a une quinzaine de tables, trois ou quatre chaises près de chaque table. Ces « restaurants » sont fréquentés même par le très bas peuple. Il est défendu d'y fumer, mais j'ai vu qu'on y fume tout de même. Les clients y passent rarement plus d'un quart d'heure; l'un d'eux paie, puis tous s'en vont. On n'y trouve ni thé ni café, mais de la bière assez bonne. Très souvent on prend la bière et le cognac ensemble; l'ouvrier avale le verre de cognac d'un seul trait, puis il déguste la bière sans se presser.

2° Le « café ». Le plus souvent il est au premier étage. Il est fort bien tenu; on y trouve généralement de la charcuterie ou des conserves de poisson. Ces cafés sont fréquentés par des bourgeois plutôt que par des ouvriers.

3° Enfin, des magasins où l'on vend des bouteilles (ou des demi-bouteilles) de liqueurs à emporter.

Le plus souvent deux ou trois ou quatre de ces sortes de magasins se trouvent côte à côte dans la même maison. Le plus souvent, mais non pas toujours, ils sont tenus par de jeunes femmes.

Les débits sont ouverts à 8 heures du matin, et fermés le plus souvent à 8 heures du soir. Ils sont fermés les dimanches et jours de fête, et en outre pendant le samedi ou le jour qui précède le jour de fête, à partir d'une heure.

En dehors de ces 40 débits (ou agglomérations de débits), il y a à Kristiania treize grands cafés ou grands hôtels qui ressemblent à ceux de nos boulevards, où l'on peut boire des liqueurs fortes. Le *Samlag* n'y perd pas ses droits; il y exerce son monopole de la façon suivante : il y installe deux dames, dont l'une a la garde des bouteilles de liqueur, et dont l'autre reçoit le prix des liqueurs vendues. Deux fois par semaine, ces dames rendent leurs comptes. Le café ou l'hôtel reçoit environ le tiers du bénéfice net réalisé.

Tels sont les établissements de Kristiania où l'on peut boire des liqueurs fortes. En outre, il y a vingt-cinq boutiques où l'on peut acheter des bouteilles d'alcool à emporter, mais non pas à consommer sur place. Ces boutiques, autrefois plus nombreuses, appartiennent à des particuliers qui gèrent leurs affaires comme ils les entendent. Le *Samlag* leur concède cette partie de son monopole moyennant une forte redevance annuelle (10.000 couronnes, soit 14.000 francs).

Des débits de bière.

Depuis que la consommation de l'eau-de-vie a diminué, celle de la bière a considérablement augmenté. Voici ce que la loi prescrit en ce qui concerne les débits de bière et de vin :

Ils n'ont, comme nous l'avons dit, rien de commun avec le *Samlag*.

Leur nombre dépend de la municipalité. Elle

peut décider (et cela arrive assez souvent dans les petites communes) qu'il n'y aura pas de débits du tout. Elle peut fixer leur nombre et désigner les titulaires de ces licences. A Kristiania, il y a 282 licences accordées. Chacun de ces débits paie à la commune une taxe annuelle de 420 couronnes.

Ils ne vendent pas seulement de la bière et du vin; ils débitent aussi, depuis quelque temps, un mélange de vin et d'alcool connu sous le nom de « laddevin » ou sous celui plus prétentieux de « vin d'Oporto ». Les *Samlags* réclament au nom de leur privilège, mais comme le prétendu vin d'Oporto en question ne dépasse pas les 21° d'alcool au-dessus desquels un breuvage est déclaré liqueur forte, on n'a pu leur donner jusqu'à présent que des satisfactions partielles.

Les débits de bière ont, dans les quartiers populaires, une apparence tout à fait différente des débits tenus par le *Samlag*. Ils sont souvent très sales; les clients y font des stations très longues, et y boivent beaucoup; les prostituées (qui paraissent rares à Kristiania) sont relativement assez nombreuses dans les débits de bière qui avoisinent le port.

Les débits de bière sont fermés tard dans la nuit; ils sont fermés, même les mieux fréquentés, le dimanche et en outre le samedi à partir d'une heure. Cette circonstance a failli m'empêcher de dîner; le restaurant où je prenais mes repas est resté fermé, à ma grande surprise, du samedi au lundi; cela tient à ce que ses clients prenaient du vin ou de la bière à leurs repas; en conséquence il était traité comme débit de bière.

Bénéfices.

D'après la loi, 15 % des bénéfices nets réalisés par les *Samlags* doivent être payés aux municipalités, le reste étant partagé entre l'État et les institutions philanthropiques désignées par le Samlag. En 1897, l'État ne percevait que 25 % des bénéfices, mais il a accru sa part de 10 % chaque année, en sorte que, en 1901, il a touché 65 %, taux qui restera définitif pendant les années suivantes. On trouve généralement que la part de l'État est trop grosse, car s'il est essentiel que les propriétaires de débits n'aient pas un intérêt personnel à pousser à la vente, il est bon que cet intérêt n'existe pas non plus, à un trop haut degré, pour l'État.

Après 1900, le Samlag ne pourra donc disposer en faveur d'œuvres philanthropiques que de 20 % de ses profits nets (les intérêts des actionnaires une fois payés).

Jusqu'à présent, sa part était beaucoup plus grosse. De 1886 à 1898 le Samlag de Kristiania a pu disposer de 3.473.945 couronnes, qui ont été réparties entre 155 œuvres diverses. La loi ne veut pas que les villes aient un intérêt trop direct à voir augmenter les bénéfices de la vente de l'alcool. Elle a donc ordonné très sagement que les Samlags ne peuvent rien donner aux œuvres même charitables que la loi met à la charge des communes, de façon que jamais les bénéfices des *Samlags*, si élevés qu'ils soient, ne puissent diminuer les impôts.

Parmi les œuvres que le Samlag de Kristiania a créées ou subventionnées, je remarque les suivantes : Musée des arts industriels (148.100 cour.) ; asile d'enfants (277.300 cour.) ; bains populaires (105.000 cour.) ;

théâtre (450,000); station biologique du fiord de Kristiania (21.000); recherches statistiques sur l'alcoolisme à Kristiania (3.000). On voit que toutes les œuvres d'intérêt public, quel que soit leur caractère, peuvent participer aux faveurs du Samlag.

Le tableau suivant nous montre les résultats obtenus par l'ensemble de la Norvège.

Norvège.

	LITRES consommés en un an par tête d'habitant.				NOMBRES d'hectolitres d'eau-de-vie (50 % d'alcool).		Sur 100 hect. combien vendus par les Samlags.
	Eau-de-vie, 50 % d'alcool.	Bière.	Vin.	Ensemble (Alcool absolu).	Vendus dans tout le royaume.	Vendus par les Samlags.	
a	*b*	*c*	*d*	*e*	*f*	*g*	*h*
1871...	5.3	12.3					
1872 ..	4.5	13.0					
1873 ..	5.3	16.1	0.91	3.6			
1874. ..	6.6	19.0					
1875. .	6.5	23.2					
1876 .	6.7	21.1			122.680	10.150	8.3
1877. ..	6.0	21.4			110.670	16.420	14.8
1878....	4.5	20.7	0.89	3,3	84.720	18.898	22,2
1879 ..	3.3	20.1			61,920	15.190	24,5
1880. ..	3.9	15.3			74.620	15.754	21.0
1881. ..	3.0	16.1			58.030	17.469	30.1
1882 ..	3.8	16.2			72.400	18.337	25.5
1883 ...	3.3	17.7	0.87	2,4	63.570	21.672	34.1
1884. ..	3.5	16.9			66.920	22,879	34.1
1885 ...	3.5	17.4			68.400	21.819	32,1
1886 .	3.0	13.5			59.050	24.411	41.4
1887....	2,8	13.3			55.690	24.193	43.2
1888. ..	3.1	15.5	0.88	2.2	60.260	24.150	40.1
1889. ..	3.2	15.6			63.380	26.494	41.8
1890. ..	3.1	18.8			62.060	30.455	49.1
1891 ..	3.7	21,7	1.50	2.8	73,280	31.556	42,9
1892 ..	3.2	20.6	1.11	2.5	64.380	33.000	51,3
1893....	3.5	20.8	0.88	2,6	71.420	32.544	45.6
1894. ..	3.8	19.8	1.12	2.7	76.280	30.254	39.7
1895 ..	3.5	17.7	1.44	2.5	71.100	29.312	41.2
1896....	2.3	16,2	2,38	2.1	48,270	27.200	56.4
1897 ..	2,2	17.8	2.06	2.2	46.370	28.060	60.5
1898. ..	2.6	21.6	2,75	2.3	55.660	31.208	56.0
1899 ..	3.3	23,2	2.31	2,7	72.470	31.679	43.8
1900.. .	3.4	22,7	2.34	2.7	75.230	32.520	43.2
1901. ..	3.4	20.0	2.03	2.6	76.810	35,728	46.5
1902.. .	?	17,8	2,24	?	?	?	?

Ce tableau est très instructif[1].

La première colonne à examiner est la col. *h*. Elle nous montre quelle était en chaque année la généralisation du système des Samlags. En 1876, ils faisaient encore bien peu de chose; le détail des eaux-de-vie était entre les mains du commerce libre, et la vente était forte. En 1878, un cinquième du commerce appartenait aux Samlags et déjà la consommation baisse fortement. Petit à petit, le système s'étend, et la vente au détail baisse de plus en plus; enfin en 1892, la moitié de la vente est entre leurs mains, et la vente diminue encore plus vite.

La consommation de la bière augmente, assez irrégulièrement d'ailleurs. Mais cette augmentation et celle du vin sont loin de faire compensation, comme on le voit d'ailleurs par la col. *e*.

Les Norvégiens se plaignent très vivement, comme nous l'avons dit plus haut, de la loi de 1894 (entrée en vigueur le 1er janvier 1896) faite pour donner satisfaction au Portugal. Ses effets se voient sur notre tableau. Ils ne sont pas très considérables.

Plus les Samlags sont anciens dans la ville où ils opèrent, autrement dit, plus la population a été soumise à leur empire, plus leur action est efficace, c'est-à-dire plus la consommation d'eau-de-vie diminue.

Voici les résultats financiers des 35 Samlags existant en 1897 (leur capital s'élevait à 650.890 couronnes et leur fonds de réserve à 53.314 couronnes) :

1. Tous ces renseignements et ceux qui suivent sont extraits du « Meddelelser fra det statistiske central bureau » (*Journal du Bureau central de statistique de Norvège*).

Je dois les derniers renseignements à l'extrême obligeance de M. Kiær, directeur de la statistique de Norvège.

Litres d'eau-de-vie vendus	2.805.970	litres
Recette brute..................	3.328.312	couronnes
Total des dépenses...............	1.548.432	—
Dont : Payé à l'État...................	63.914	—
— aux communes.......	148.299	—
Impôt (communal) sur la bière et sur le vin..............................	44.985	
Profit net............................	1.779.880	

Sur ce profit net, 1.071.602 couronnes ont été employées à des œuvres d'utilité publique de toute espèce.

Nous avons longuement parlé du Samlag de Kristiania, en exposant le système norvégien. Nous n'y reviendrons pas.

Voici pourtant la consommation d'eau-de-vie à Kristiania depuis l'établissement du Samlag[1].

	POPULATION.	LITRES.		
	—	—		
1886........	128.300 habit.	282.813	soit 2,20	par tête
1887........	—	292.960	... 2,22	—
1888........	—	330.765	... 2,43	—
1889........	—	376.611	... 2,70	—
1890........	143.317 habit.	378.693	.. 2,71	—
1891...	—	396.369	... 2,63	—
1892........	—	422.065	... 2,66	—
1893..	—	409.415	... 2,47	—
1894........	—	387.091	... 2,23	—
1895........	—	461.302	... 2,55	—
1896..	—	368.653	... 1,95	—
1897........	—	396.117	... 2,02	—
1898........	213.000 habit.	483.465	... 2,28	—
1899........	221.000 habit.	541.100	... 2,43	—
1900........	227.000 habit.	491.978	... 2,18	—
1901........	226.000 habit.	461.603	... 2,01	—
1902........	225.000 habit.	422.938	... 1,88	—

1. Ne pas oublier que Kristiania est un port de mer considérable. Non seulement elle contient en tout temps un grand nombre de marins étrangers, mais elle vend à un grand nombre de bateaux, norvégiens ou etrangers, leur provision de mer.

Ces chiffres sont d'ailleurs au-dessous de la vérité complète.

Quoique convaincu des services que le Samlag rend à la ville de Kristiania, je dois reconnaître que j'ai rarement rencontré autant d'ivrognes que dans ce grand port de mer. En 1897, on a arrêté pour ivresse 17.992, individus soit 94 pour 1.000 hab. Ce chiffre est énorme si on le compare à ceux des autres villes dont nous avons eu à nous occuper jusqu'à présent. Et pourtant, la police de Kristiania est d'une prodigieuse indulgence pour les ivrognes. J'en ai vu quelques-uns qui, sous les yeux indifférents des agents de police, se livraient à des vociférations qui, à Paris, leur auraient certainement valu les honneurs du poste.

Ce n'est pas un argument contre le système du Samlag. Aucune puissance ne peut empêcher un ivrogne de s'enivrer lorsqu'il en a le désir. Le Samlag n'a pas ce but qui est supérieur à la puissance humaine. Il veut seulement rendre les occasions de boire de l'eau-de-vie aussi rares que possibles, parce qu'il sait qu'ainsi il empêche des jeunes gens de devenir ivrognes d'occasion, ou, ce qui est différent et peut être pis, de devenir alcooliques chroniques (avec ou sans ivresse).

A Bergen, seconde ville du royaume (40.760 hab. en 1877; 65.500 en 1897), le Samlag a été institué le 1er janvier 1877. La municipalité a retiré à cette époque leur licence à tous les débits sans donner aucune indemnité à ceux dont la licence était révocable; quelques-uns avaient des licences privilégiées, c'est-à-dire accordées pour la vie (quelquefois avec des survivances); on leur a racheté leur licence, en calculant l'indemnité sur le gain des dernières années.

Au Samlag on a accordé le droit d'ouvrir 16 magasins, 4 furent des magasins d'eau-de-vie « à emporter » dont le nombre ne fut pas réduit par la suite. Il n'en fut pas de même des débits ; il y en avait :

En 1877........	12,	soit 1 pour 3.396 habitants.
1880........	11	
1889........	10	
1897........	9	
1898........	8,	soit 1 pour 8.187 habitants.

Il n'y a pas de débits clandestins.

Les débits sont ouverts de 8 heures du matin à midi, puis de 1 h. 1/2 à 7 heures du soir (cette fermeture de midi à 1 h. 1/2 est destinée à protéger les ouvriers contre la tentation de boire à leurs repas). Ils sont fermés le samedi à 1 heure du soir et ne sont rouverts que le lundi à 8 heures du matin. Ils sont fermés les jours de fête et aussi pendant le jour qui les précède. Ils sont encore fermés les jours d'élection, le jour de la Constitution (17 mai) et toutes les fois que le chef de la police l'ordonne.

Le Samlag de Bergen a toujours refusé de faire la moindre concession aux cafés, hôtels, etc. Si les voyageurs veulent boire un verre d'eau-de-vie, il faut qu'ils l'aient apporté dans leur bagage, ou qu'ils aillent le boire dans les échoppes (assez misérables) de la Compagnie.

Le Samlag de Bergen, considérant que très souvent les ouvriers vont au cabaret pour se chauffer, pour se reposer en fumant ou en lisant le journal, n'a pas voulu les priver d'une satisfaction aussi légitime. Elle a dans la ville quatre salles de lecture, chauffées en hiver, qui ne sont pas en connexion avec les débits, où on trouve les journaux, et où on peut s'asseoir, écrire, causer et fumer. Ces salles de lecture lui coûtent 7.650 francs environ.

Voici la consommation d'eau-de-vie (50°) à Bergen :

	LITRES PAR TÊTE D'HAB.		ARRESTATIONS pour ivresse sur 1.000 hab.
	Au détail.	« A emporter ».	
1877	2.45	4.20	24.9
1878	2.11	3.46	21.3
1879	1.68	3.26	19.4
1880	1.53	3.23	20.9
1881	1.61	3.44	16.8
1882	1.64	3.47	13.3
1883	1.63	3.48	18.4
1884	1.67	3.53	15.3
1885	1.68	3.27	16.9
1886	1.67	3.26	14.5
1887	1.65	3.20	13.8
1888	1.57	3.09	14.3
1889	1.56	3.29	13.9
1890	1.56	3.68	20.9
1891	1.65	3.98	18.8
1892	1.69	4.16	12.1
1893	1.60	4.22	14.1
1894	1.46	3.89	15.9
1895	1.35	3.47	22.1
1896	1.02	3.47	29.1
1897	0.99	4.16	27.3

La colonne « au détail » doit surtout attirer notre attention, car l'eau-de-vie à emporter est surtout destinée aux navires qui fréquentent cet important port de mer.

Les chiffres sont très faibles, et de plus, ils vont en diminuant.

On attribue l'importance relative des arrestations pendant les trois dernières années au « vin d'Oporto » peu authentique dont nous avons parlé plus haut.

Le total des bénéfices nets réalisés par le Samlag

de Bergen a permis de consacrer les sommes suivantes à différentes institutions d'utilité publique :

Hôpitaux et refuges................	827.640	cour.
Musées, bibliothèques et expositions.	620.391	—
Arbres plantés, parcs, bains publics, promenades......................	409.178	—
Institutions d'éducation.............	216.148	—
Théâtre national et nouveau théâtre.	126.000	—
Salles de repos des ouvriers.........	101.500	—
Diverses missions chrétiennes.......	85.200	—
Sociétés de tempérance et asiles d'ivrognes........................	75.950	—
Charités..........................	61.400	—
Voyages d'été pour enfants..........	28.000	—
Concerts dans le parc, sociétés de gymnastique, société de protection des oiseaux.....................	101.316	—
	2.052.723	cour.

Du système de Gotembourg, en Suède.

Suivant l'ordonnance de 1800, le droit de distiller l'eau-de-vie n'était accordé qu'à la propriété foncière; ce droit était alors considéré comme une conséquence du *jus fruendi*. L'impôt était calculé suivant la capacité de l'alambic, et celle-ci elle-même dépendait de la valeur imposable de la propriété. Le résultat fut qu'en 1823, il n'y avait pas moins que 173.124 alambics en Suède, soit 1 alambic pour 70 habitants.

L'ordonnance du 19 juin 1835 ne reconnut le droit de distiller qu'au propriétaire (ou syndicat de propriétaires) dont les terres représentaient une valeur imposable d'au moins 300 écus. On n'avait permission de distiller que pendant six mois chaque année.

On n'a aucun moyen d'évaluer la production de l'alcool avant 1855. On sait seulement qu'elle était très élevée [1]. A cette époque le mal devint tellement intense qu'il fallut y remédier.

1. Les évaluations varient entre 30 et 60 millions de kannor.

Enfin en 1860, les distilleries domestiques furent supprimées entièrement et la fabrication de l'eau-de-vie fut placée, dans tout le royaume, sous la surveillance et le contrôle immédiat des employés de l'État. L'impôt fut fixé, dès le début de 1858, à 60 *öre*[1] par kanna[2] d'alcool à 50 p. 100 d'alcool; le 1er octobre 1867 à 70 öre; le 1er octobre 1871 à 80 öre; en 1882 à 40 öre par litre (en outre celui qui fabrique moins de 500 litres ou plus de 5.000 litres par jour, paie, pour la différence, un impôt extraordinaire de 10 öre par litre).

Le nombre des distilleries baissa assez rapidement, mais les quantités distillées ne cessèrent de grandir. Ce que nous résumons par les chiffres suivants :

Moyennes annuelles.

	1855-60	1861-67	1867-81
	—	—	—
Nombre de petites distilleries	3.610	—	—
— grandes —	360	560	405
— de kannor distillés	10.441.161	11.860.036	16.110.152

Pendant l'année 1880-81, 691.920 quintaux de céréales, 8.978.021 pieds cubes de pommes de terre et racines, 5.737 quintaux de mélasse ont été employés à produire l'eau-de-vie; les chiffres des années précédentes sont analogues; anciennement (de 1867 à 1877) on employait aussi une quantité notable (de 6.000 à 65.000 quintaux) de mousse de renne; ce dernier produit est tombé en désuétude.

Nous avons cru devoir résumer la législation suédoise relative à la distillation; celle qui concerne la

1. 100 öre = 1 couronne = 1 fr. 39.
2. 1 kanna = 2l,67.

vente au détail a beaucoup plus d'importance pratique.

Avant 1855 la vente de l'eau-de-vie par quantités inférieures à 1 kanna n'était permise qu'aux aubergistes obligés de servir des mets; en outre il était permis aux agriculteurs de fournir de l'eau-de-vie à leurs domestiques, mais ils ne devaient pas en donner moins de 1/4 de kanna à la fois.

Dans les *villes*, la préfecture, après enquête d'autorités locales, fixait chaque année le nombre des établissements ayant le droit de débiter de l'eau-de-vie dans chaque localité; on assure qu'on était très prudent à ce sujet; le nombre des débits, leur aménagement intérieur, la personnalité des débitants étaient soigneusement examinés.

Outre la patente d'auberge, le droit de vendre de l'eau-de-vie au détail coûtait, suivant les ciconstances, de 6 à 50 écus pour les auberges, de 20 à 100 écus pour les débits.

Les autorisations n'étaient données que pour un an, et elles étaient révocables en cas d'abus.

En résumé, on peut dire que la vente des eaux-de-vie était libre.

Le résultat était lamentable. L'opinion publique, à force d'efforts individuels, finit par exiger une réaction.

Le mouvement anti-alcoolique partit de la petite ville de Wexiö où, en 1819, quelques jeunes gens formèrent une société dont tous les membres promettaient, entre autres choses, de s'abstenir totalement de liqueurs alcooliques. En 1830, le célèbre naturaliste André Retzius fonda à Stockholm une société de tempérance, dans laquelle, grâce à un membre de la société de Wexiö, fut adopté le même principe.

Pierre Wieselgren, doyen de Gotembourg, fut le héros de cette noble lutte. Raillé par les classes supérieures, il s'adressa au peuple. Il reçut d'ailleurs l'appui du prince Oscar qui s'intéressait particulièrement aux questions pénitentiaires et qui voulut être le premier membre honoraire de la société de tempérance suédoise créée en 1837. A force d'efforts, cette société constitua des centaines de filiales dans toutes les parties de la Suède et finit par réunir 90.000 membres. C'est vers cette époque que le professeur suédois Magnus Hüss publia sa magistrale étude sur l'*Alcoolisme chronique*. Le prince Oscar, devenu le roi Oscar Ier, adressa un appel pressant en faveur de la tempérance en ouvrant la Diète suédoise en 1853. En dépit de l'opposition des paysans, la proposition royale, contresignée par le conseiller privé Fahrœus, devint loi du 18 janvier 1855.

La loi du 18 janvier 1855 constitue une révolution complète.

Les marchands en gros ne pouvaient vendre moins de 15 kannor (au lieu de 1); leur commerce resta d'ailleurs entièrement libre [1]; on supprima le privilège des agriculteurs.

Le commerce de demi-gros (*minuthandel*) pouvait vendre de 1/2 à 15 kannor, de façon qu'on ne fût pas forcé d'aller dans un débit pour acheter cette faible provision d'eau-de-vie.

La délivrance des patentes de débit dépendait des autorités locales, sauf ratification du préfet.

Les licences étaient mises aux enchères publiques

1. L'impôt annuel était de 12 schillings par kanna pour le commerce de détail et de 8 schillings pour le commerce de demi-gros.

Il ne pouvait être inférieur à 800 kannor par débit au détail dans les villes et 400 dans les campagnes.

pour un terme de trois ans au plus ; il ne suffisait pas d'avoir offert la plus grosse somme [1] pour être adjudicataire ; il fallait en outre offrir des garanties personnelles de moralité, et avoir un local de vente jugé convenable.

S'il se fondait une société de vente (*Bolag*) voulant se charger de l'achat de toutes les patentes, le magistrat devait s'entendre avec elle pour trois ans ; la somme à payer devait être au moins équivalente à celle que l'autorité aurait perçue en vendant les patentes aux enchères publiques.

Ces *Bolags* étaient des institutions exactement pareilles aux *Samlags* norvégiens. C'étaient des sociétés par actions dont les membres s'interdisaient de toucher plus que l'intérêt légal de leur argent, « les bénéfices de l'entreprise devant être consacrés à une ou plusieurs œuvres utiles à la classe ouvrière ». Tels sont les mots employés par les promoteurs de l'entreprise ; ils ne paraissent pas s'être doutés des sommes énormes qu'atteindraient ces bénéfices regrettables !

Il en résulte que ni les actionnaires du Bolag, ni les préposés qu'ils installent à la tête de chaque débit ne sont intéressés à la vente.

Quant aux bénéfices, on reconnut qu'ils seraient malheureusement trop élevés pour recevoir seulement l'utilité qu'avaient souhaitée pour eux les promoteurs du système de Gotembourg.

Un cinquième de la recette des impôts devait être remis à l'association économique de la province ; les

1. Plus tard, le 26 août 1873, les commerçants vendant par quantités de 15 à 100 kannor furent astreints à un permis annuel délivré par la commune sauf ratification du préfet. Au delà de 100 kannor le commerce resta libre.

4/5 restants étaient remis aux caisses communales, jusqu'en 1863. A cette date, furent créés les conseils généraux ; ils eurent droit à 1/5 de l'impôt, ce qui réduisit à 3/5 la part des communes (excepté à Stockholm, qui n'avait aucun conseil général et conserva ses 4/5).

En 1855, un certain nombre de débitants au détail jouissaient de privilèges acquis en vertu de « droits de bourgeoisie ». Ils restèrent intacts jusqu'en 1873, époque à laquelle il fut décidé qu'ils seraient abolis à la mort de chaque titulaire.

On voit que le législateur suédois, très sagement, n'a pas introduit violemment le système de Gotembourg. Le choix entre le système des enchères publiques et la concession des débits à un *Bolag* était laissé à l'appréciation de chaque municipalité. Le succès devait pourtant s'accentuer assez rapidement. Nous avons sous les yeux un tableau assez complet des établissements de vente de l'alcool en Suède, année par année jusqu'en 1880. Nous en extrayons les chiffres suivants :

Nombre de patentes.

	1855-56	1860-61	1870-71	1880-81	1890-91	1895-96
Demi-gros (15 à 100 kilogr.).	—	—	2	57		
Demi-détail (1/2 à 15 kilogr.).						
Vendues aux enchères......	506	511	275	139		
Délivrées aux *Bolags*.........	142	84	134	163		
Détail (moins de 1/2 kilogr.).					1.140	1.020
Vendues aux enchères......	428	427	290	101		
Délivrées aux Bolags.........	136	229	382	703		
Anciens privilèges...........	1.099	897	499	491		
Temporaires.................	290	402	461	470		
Total des patentes....	2.601	2.550	2.043	1.824		

On voit que le nombre des patentes délivrées aux *Bolags* n'a cessé de s'accroître (surtout dans les villes) ; le nombre des patentes privilégiées n'a cessé de décroître ; de plus en plus, on abandonne la vente aux enchères. Le nombre des patentes temporaires tend à augmenter, mais ces patentes ne sont jamais bien dangereuses.

En 1895-96, il n'y avait plus dans les villes et bourgs que 9 patentes privilégiées, 29 vendues aux enchères, 833 concédées à des *Bolags*. On voit que le système de Gotembourg est devenu général.

On trouvera page 208 le tableau complet de la consommation d'alcool en Suède.

Le Bolag de Stockholm commença ses opérations le 1er octobre 1877.

La veille, 30 sept. 1877, il y avait 193 débits dans la ville. Le lendemain, il n'y en avait plus que 67. Sur les 193 débits, 133 avaient été concédés à titre permanent : il a fallu les racheter moyennant une rente viagère qui monta au total environ à 170.750 francs par an.

		1877 Nombre absolu.	1896-97 Nombre absolu.
Population de Stockholm		153.528	274.611
Débits. (Consom. sur place.)	Exploités par le Bolag	67	63
	Concédés à des hôtels, etc.	83	80
	TOTAL	150, soit 1 p. 1.023 h.	143, soit 1 p. 1.920 h.
	Non ouverts	20	27
	TOTAL	170	170
Magasins vendant l'alcool « à emporter ».	Exploités par le Bolag	27	27
	Concédés	51	51
	TOTAL	78	78
	Non ouverts	12	12
	TOTAL	90	90

En dehors de ses 67 débits, la Compagnie conceda son privilège à 83 hôtels, cafés, etc. Elle avait le droit d'ouvrir encore 20 débits, mais n'en usa pas. En outre, elle avait le droit d'ouvrir 90 magasins d'alcool à emporter; elle n'en ouvrit que 27, et en concéda 51.

Suède[1].

ANNÉES.	NOMBRE de litres de brandevin (50 % d'alcool) consommés en un an par tête d'habitant.	NOMBRE de litres de bière consommés en un an par tête d'habitant.
1829	46 (évaluation)	—
1850	22 —	—
1856-60	9.5	10.5
1861-65	10.7	11.2
1866-70	8.9	10.7
1871	10.3	16
1872	10.9	16
1873	11.8	16
1874	13.5	16
1875	12.4	16
1876	12.4	16.3
1877	10.6	16.5
1878	10.5	19.6
1879	8.8	17.6
1880	8.1	15.3
1881	8.8	18.5
1882	8.0	17.1
1883	6.8	16.5
1884	8.0	21.6
1885	8.4	22.4
1886	7.8	24.0
1887	7.0	22.8
1888	7.5	21.7
1889	6.2	24.4
1890	7.0	28.5
1891	6.4	27.5
1892	6.5	27.2
1893	6.7	23.9
1894	6.0	26.7
1895	6.9	32.3
1896	7.3	29.8
1897	7.6	31.0
1898	8.1	31.6
1899	8.6	35.2
1900	8.7	39.3
1901	8.1	38.6
1902	7.8	37.7

1. M. Sundbärg a bien voulu me communiquer les chiffres relatifs

Voici quels furent les résultats :

Stockholm.

ANNÉES.	POPULATION.	CONSOMMATION d'eau-de-vie par tête d'habitant dans les			ARRESTATIONS pour ivresse pour 1.000 hab.
		débits.	magasins de vente « à emporter ».	Total.	
1876-77......	—	—	—	—	49
1877-78......	153.528	13.8	12.7	26.6	40
1878-79......	161.722	13.1	10.8	23.9	36
1879-80......	163.040	12.7	11.1	23.9	38
1880-81......	167.868	13.1	10.3	23.4	38
1881-82......	174.702	12.4	9.7	22.0	39
1882-83......	182.358	9.3	11.0	20.3	34
1883-84......	190.842	8.5	9.9	18.4	35
1884-85......	200.781	8.6	10.1	18.6	24
1885-86......	211.139	7.6	9.4	17.0	28
1886-87......	216.807	7.4	9.1	16.5	32
1887-88......	221.551	7.1	8.5	15.6	34
1888-89......	228.118	6.6	8.2	14.8	34
1889-90......	236.350	6.5	8.4	14.9	35
1890-91......	245.331	6.3	7.7	14.1	34
1891-92......	248.051	6.1	7.5	13.6	33
1892-93......	249.246	6.2	7.8	14.0	32
1893-94......	252.937	6.0	7.5	13.6	32
1894-95......	259.304	6.2	7.7	13.9	32
1895-96......	267.100	6.5	7.8	14.3	38
1896-97......	274.611	7.2	8.4	15.6	43
1897-98......	283.550	7.1	8.0	15.1	38
1898-99......	291.580	7.6	9.0	16.6	42
1899-00......	297.148	6.7	10.1	16.8	33
1900-01......	301.050	6.3	10.2	16.5	37
1901-02......	301.695	6.0	9.9	15.9	38

On voit que la diminution de la consommation fut constante depuis 1876 jusqu'en 1894 ; les sept dernières années furent un peu moins favorables.

Quant aux arrestations pour ivresse, elles n'ont guère varié, et elles sont d'ailleurs très nombreuses. Elles devraient l'être plus encore, car la police de

à la bière. Ces chiffres comprennent « la bière et le porter », mais non le *Svagdricka*, boisson qui est presque exempte d'alcool (environ 1 p. 100 d'alcool).

Stockholm, d'après ce que j'ai vu en me promenant plusieurs soirées dans la ville, est singulièrement tolérante.

Ce fait ne prouve pas que le système des Bolags soit inefficace. Aucun procédé au monde ne peut empêcher un homme déterminé à s'enivrer de parvenir à cette ignoble satisfaction, et les Bolags n'ont pas cette prétention. Ils veulent seulement diminuer les motifs de tentation.

Ils y sont parvenus puisqu'ils ont réduit de moitié la consommation de l'eau-de-vie. Si néanmoins le nombre des ivrognes obstinés ne paraît pas avoir diminué, c'est que le nombre des abstinents a de son côté augmenté. Or, l'alcoolisme chronique, celui que cause l'usage permanent de l'alcool, sans d'ailleurs que l'ivresse s'ensuive nécessairement, est au moins aussi malfaisant que l'ivresse elle-même.

Les résultats financiers des Bolags de Stockholm ont été malheureusement très beaux et la ville de Stockholm a eu le regret de recevoir en 1897 du Bolag la somme de 922.500 fr. qui représente à peu près le tiers des revenus de la ville (2.950.000 fr.).

Le Bolag de Gotembourg a été fondé, en 1865, au capital de 102.500 couronnes. Les actions, au nombre de 205, appartiennent à une vingtaine d'habitants notables de la ville, qui se sont interdit de toucher plus de 6 pour % de leur argent (c'était, en 1865, le loyer à peu près usuel de l'argent).

En 1865, elle était propriétaire de 36 débits; les autres débits existants dans la ville devaient lui revenir, à mesure que leur licence prenait fin, et c'est ainsi qu'en 1868 elle avait acquis toutes les licences de débits « sur place » dont la ville disposait.

Voici l'usage que le Bolag fit de ces licences :

	1868		1897	
	—		—	
Il en exploita comme débits......	27		18	
— — restaurants.	»		4	
Il en concéda à des hôtels, etc....	16		20	
	43,	soit 1 pour 1.172 hab.	42,	soit 1 pour 2.798 hab.
Il en laissa sans emploi...........	18		19	
Totaux................	61		61	

Quoique la loi permette de ne fermer les débits qu'à 10 heures du soir, le Bolag ferme les siens à 6 heures en hiver et 7 heures en été (deux heures plus tard pour les établissements de première classe).

Les débits sont fermés le dimanche et le samedi à 6 heures du soir.

Les boutiques qui vendent à emporter sont ouvertes de 9 heures du matin à 6 heures du soir. Ce point est assez important, car c'est dans la soirée que les débits sont surtout fréquentés dans les villes. Ainsi dans West London on a compté que 40 % des clients entrent après 7 heures du soir.

Le Bolag a établi des restaurants populaires. L'auteur en a visité un, près des docks ; la veille, on y avait servi 964 portions. On a dû en ouvrir un autre. On sert un petit verre d'eau-de-vie par repas. Au début presque tous les consommateurs en demandaient; à présent, la moitié d'entre eux réclame ce petit verre autrefois traditionnel. La perte du Bolag pour ces restaurants a été en 1897, de 95.250 francs.

Salles de lecture. Le Bolag en a ouvert sept; on y sert des rafraîchissements sans alcool. Il y a 6.000 à 7.000 visiteurs par mois. Une des bibliothèques compte 273 volumes.

Voici le résumé des opérations du Bolag de Gotembourg :

Gotembourg.

	LITRES DE BRANDEVIN PAR HABITANT		
	Dans les débits.	Magasins d'eau-de-vie « à emporter ».	Total.
1875	12.99	14.46	27.45
1876	13.18	15.21	28.39
1877	14.06	12.82	26.88
1878	13.61	11.19	24.80
1879	12.58	9.32	21.90
1880	11.11	9.09	20.20
1881	10.13	9.02	19.15
1882	9.12	8.59	17.71
1883	8.60	9.48	18.08
1884	8.55	9.63	18.18
1885	8.44	9.62	18.06
1886	8.12	9.53	17.75
1887	7.65	9.25	16.90
1888	7.46	9.20	16.75
1889	6.50	9.56	16.06
1890	6.43	9.56	15.99
1891	6.69	8.14	14.83
1892	5.90	7.65	13.55
1893	5.27	7.93	13.20
1894	4.91	8.12	13.03
1895	4.98	8.13	13.11
1896	4.94	8.31	13.25
1897	5.12	8.56	13.68
1898	5.45	9.14	14.59

Sur 1.000 hab., combien arrêtés en un an pour ivresse à Gotembourg.

1875-79	39
1880-84	34
1885-89	34
1890-94	42
1895	33
1896	37
1897	43
1898	57

La force alcoolique de l'eau-de-vie était de 47 % d'alcool jusqu'en 1884; elle fut abaissée à 46 1/2 jusqu'en 1888; à 45 en 1888 et à 44 en 1889 et années suivantes [1].

Ainsi qu'à Stockholm, la statistique des arrestations est moins satisfaisante.

Nombre des arrestations pour ivresse.

Les individus arrêtés avaient bu pour la dernière fois :

	MOYENNES ANNUELLES.					
	1875-79			1893-97		
Dans les bars de la Compagnie.	1.038, soit	42 %		697, soit	16 %	
Dans des débits de bière......	253 —	10 —		1.193 —	28 —	
Chez eux après avoir acheté de l'alcool à la bouteille........	332 —	13 —		824 —	19 —	
Renseignement manque.......	861 —	35 —		1.588 —	37 —	
Total...............	2.484 —	100 —		4.302 —	100 —	

Je dois dire que je n'ai vu guère d'homme ivre pendant les deux séjours que j'ai faits à Gotembourg. MM. Rowntree et Sherwell ont fait une remarque analogue [2]. La police de cette ville paraît beaucoup plus sévère que celle de Stockholm.

L'augmentation du nombre des arrestations pour ivresse a attiré l'attention de l'évêque de la ville. Il a fait une pétition pour se plaindre des débits de bière auxquels il attribue le mal et pour demander qu'au fur et à mesure de l'expiration des licences ils soient concédés, comme les débits d'eau-de-vie, au Bolag.

1. Notons encore que la population de Gotembourg était la suivante :

1866	47.332
1870	53.822
1880	68.477
1890	101.502
1898	120.151

2. Ils en ont rencontré un seul.

Du système de Gotembourg en Finlande

En Finlande, depuis 1880 environ, le commerce des liqueurs fermentées dépend de chaque municipalité.

En ce qui concerne l'eau-de-vie commune, le système de Gotembourg est appliqué dans les villes. Les actionnaires reçoivent 6 %. Le surplus des bénéfices est consacré à des œuvres d'utilité publique auxquelles les communes ne sont pas astreintes par la loi.

Les conseils municipaux des villes ont le droit de prohiber entièrement le commerce au détail de l'eau-de-vie. Deux petites villes l'ont essayé, mais sans succès et, au bout d'un an environ, elles ont dû y renoncer.

En ce qui concerne le commerce de la bière, du vin, et des alcools exotiques (rhum, cognac, genièvre et autres boissons coûteuses et de luxe), le nombre des licences, la place des boutiques et l'attribution des licences dépendent des conseils municipaux.

Dans les campagnes, il n'y a pas de conseil municipal. Les affaires communales sont administrées par l'assemblée des contribuables (les femmes contribuables et autonomes en font partie). Il arrive souvent qu'elles prohibent le commerce de toute boisson fermentée.

La loi défend l'importation de l'alcool et il n'y a pas d'exportation. Donc la statistique de la production (très surveillée par le fisc) correspond à peu près à celle de la consommation.

CHAPITRE XIII

DE LA PROPAGANDE ANTI-ALCOOLIQUE

Chacun sait qu'on ne prêche pas un ivrogne, c'est perdre son temps. *Qui a bu boira!*

C'est bien pour cela que les efforts des sociétés de tempérance pour convertir les buveurs sont condamnés d'avance à rester inutiles. Les *tracts*, les affiches peintes, les beaux discours, tout cela est peine perdue. Qui a bu boira.

Trois catégories de personnes échappent peut-être à l'objection : les enfants, les soldats et jusqu'à un certain point les malades au début de leur maladie.

Des enfants on ne peut pas dire « qui a bu boira », puisqu'ils n'ont pas encore bu. Un médecin sceptique objectera peut-être qu'ils ont pu boire par l'estomac de leurs parents, puisqu'on admet que l'alcoolomanie peut être héréditaire; mais heureusement c'est encore l'exception.

Il y a donc une propagande utile à faire dans les écoles. Il faut enseigner aux enfants non seulement que l'ivresse est dégradante, ruineuse et mortelle, mais encore que l'usage de boire de l'eau-de-vie en quantité dite « modérée », c'est-à-dire insuffisante pour produire l'ivresse, est *au moins* aussi malfaisant.

M. Bocquillon, un instituteur patriote, que passionnent toutes les causes généreuses et qui les sert avec autant d'intelligence que de cœur, a dessiné, à l'usage des écoles, des gravures anti-alcooliques très ingénieuses dont l'effet ne peut être qu'excellent. M. Langlois, président fondateur de la Société anti-alcoolique des instituteurs et institutrices de France, M. Baudrillart, ont donc entrepris une œuvre des plus utiles, on peut espérer que les écoliers et écolières rapportent dans leurs familles les enseignements de l'école..

Ce qu'ils font à l'école, on peut le continuer au régiment. Là encore on a affaire à des jeunes gens qui n'ont peut-être pas encore pris de mauvaises habitudes. Il y a bien peu de temps que l'autorité militaire a compris qu'elle avait là un nouveau devoir à remplir et qu'elle l'a délibérément assumé.

Quant aux malades, ils peuvent être quelquefois détournés de l'alcoolisme, parce qu'ils ont peur. J'en ai vu naguère, à l'hôpital, quelques-uns que les paroles du médecin, la vue de leurs camarades plus gravement atteints, avaient sérieusement émus. L'émotion a-t-elle duré? On peut en douter. Mais c'est déjà un résultat que d'avoir effrayé, sérieusement ému un candidat à l'alcoolisme.

Aussi doit-on remercier M. Mesureur, directeur général de l'Assistance publique, et M. de Selves, préfet de la Seine, d'avoir fait placarder dans les hôpitaux et dans un grand nombre d'autres endroits l'affiche suivante, due à la plume de plusieurs médecins des hôpitaux. Nous la rééditons quoiqu'elle ait été reproduite bien des milliers de fois. Si modeste que soit ce volume, elle y aura une existence moins éphémère que sur les murs de Paris ou que dans la mémoire des ivrognes qui l'auront lue.

RÉPUBLIQUE FRANÇAISE

LIBERTÉ — ÉGALITÉ — FRATERNITÉ

Administration générale de l'Assistance publique
A PARIS

L'ALCOOLISME ET SES DANGERS

(Extrait du procès-verbal de la séance du Conseil de Surveillance de l'Assistance publique du 18 décembre 1902).

(M. le professeur DEBOVE, doyen de la Faculté de Médecine; M. le docteur FAISANS, médecin de l'Hôtel-Dieu. — Rapporteurs.)

L'alcoolisme est l'empoisonnement chronique qui résulte de l'usage habituel de l'alcool, alors même que celui-ci ne produirait pas l'ivresse.

C'est une erreur de dire que l'alcool est nécessaire aux ouvriers qui se livrent à des travaux fatigants, qu'il donne du cœur à l'ouvrage ou qu'il répare les forces; l'excitation artificielle qu'il procure fait bien vite place à la dépression nerveuse et à la faiblesse; en réalité, l'alcool n'est utile à personne; il est nuisible pour tout le monde.

L'habitude de boire des eaux-de-vie conduit rapidement à l'alcoolisme; mais les boissons dites hygiéniques contiennent aussi de l'alcool; il n'y a qu'une différence de doses : l'homme qui boit chaque jour une quantité immodérée de vin, de cidre ou de bière, devient aussi sûrement alcoolique que celui qui boit de l'eau-de-vie.

Les boissons dites apéritives (absinthe, vermouth, amers), les liqueurs aromatiques (vulnéraire, eau de mélisse ou de menthe, etc.), sont les plus pernicieuses parce qu'elles contiennent, outre l'alcool, des essences qui sont, elles aussi, des poisons violents.

L'habitude de boire entraîne la désaffection de la famille, l'oubli de tous les devoirs sociaux, le dégoût du travail, la misère, le vol et le crime. Elle mène, pour le moins, à l'hôpital; car l'alcoolisme engendre les maladies les plus variées et les plus meurtrières : les paralysies, la folie, les affections de l'estomac et du foie, l'hydropisie; il est une des causes les plus fréquentes de la tuberculose. Enfin, il complique et aggrave toutes les maladies aiguës : une fièvre typhoïde, une pneumonie, un érysipèle, qui seraient bénins chez un homme sobre, tuent rapidement le buveur alcoolique.

Les fautes d'hygiène des parents retombent sur leurs enfants; s'ils dépassent les premiers mois, ils sont menacés d'idiotie ou d'épilepsie, ou bien encore, ils sont emportés, un peu plus tard, par la méningite tuberculeuse ou par la phtisie.

Pour la santé de l'individu, pour l'existence de la famille, pour l'avenir du pays, l'alcoolisme est un des plus terribles fléaux.

Le Directeur de l'Administration générale
de l'Assistance publique,
G. MESUREUR.

Vu et approuvé :
Le Préfet de la Seine,
J. DE SELVES.

Pour copie conforme :
Le Secrétaire général de l'Administration générale
de l'Assistance publique,
THILLOY.

On sait que les marchands d'alcool se sont fort émus de cette affiche. On leur a même attribué, à tort ou à raison, l'intention de faire un procès à MM. de Selves et Mesureur. Ce procès prodigieux n'a jamais été fait.

L'émotion des cabaretiers était-elle justifiée, et devaient-ils craindre réellement que cette affiche si judicieuse les empêcherait de conduire à la mort ou à la folie quelques-uns de leurs clients? Il faut l'espérer sans trop y croire.

Sans prêcher les buveurs, ce qui est parfaitement inutile, les patrons peuvent, par des mesures intelligentes, les détourner du cabaret, en leur ôtant l'occasion d'y entrer. Le *Journal des Débats* du 16 avril 1903 contient dans cet ordre d'idées, le récit d'une expérience bien intéressante qui s'est faite à Roubaix, et que nos lecteurs nous sauront gré de leur avoir conté :

« Il est certaines expériences qui se font toutes seules, et ce ne sont généralement pas les plus mauvaises. Ainsi, nous peinons beaucoup depuis quelque temps pour savoir comment lutter contre l'alcoolisme. On dépose des projets de loi, mais on ne les vote pas; oh! l'Administration pose des affiches pleines de leçons excellentes; mais les gros distillateurs répondent par d'autres affiches; on déplore le trop grand nombre de cabarets; mais personne, à la Chambre, n'oserait en faire supprimer un seul. Pendant ce temps-là, sans aucune apparence de lutte, sans arrêtés spéciaux et sans bruit, la ville de Roubaix a vu diminuer de trente pour cent le nombre de ses cabarets. C'est le chiffre qui m'a été donné par écrit dans les maisons les plus considérables et les mieux réputées de la grande ville industrielle. Comment les choses se sont-elles passées? Le voici :

Depuis qu'on a inauguré la diminution progressive des heures de travail, la plupart des manufacturiers roubaisiens ont porté de une heure à une heure et demie le repos du milieu de la journée. Or, avec une heure d'interruption de travail, la majorité des ouvriers n'avait pas ou ne croyait pas avoir le temps d'aller déjeuner chez soi. La mode était donc bien établie d'aller déjeuner au cabaret, et ceux-là même qui auraient pu s'en dispenser faisaient comme leurs camarades. Avec une heure et demie, un mouvement contraire s'est dessiné, puis développé; voilà la diminution de trente pour cent que je signalais tout à l'heure.

Faut-il en tirer des applications à longue portée? Faut-il croire que partout l'allongement des heures de repos aurait les mêmes conséquences? Ce serait peut-être se presser un peu trop. Les relations réciproques des faits sociaux sont plus complexes et plus délicates. Il est possible qu'à Roubaix la tendance à aller manger en famille fût simplement tenue en échec par un obstacle factice : l'obstacle levé, la bonne volonté du brave ouvrier français reprend facilement le dessus, à Roubaix du moins. Pour savoir s'il en est de même partout ailleurs, attendons.

Toutefois la même ville nous fournit, dans le même ordre d'idées, un fait complémentaire du précédent et qui n'est pas non plus à dédaigner. Quelques usines, au lieu de se contenter de donner une heure et demie, ont accordé deux heures. Alors, me dit-on, les ouvriers ont bien été déjeuner chez eux; mais le repas une fois pris, comme il leur restait un peu de temps, ils ont cédé à la vieille tentation, ils sont allés achever les deux heures à l'estaminet, avec cette aggravation que désormais, c'était uniquement pour la boisson qu'ils y allaient.

Une fois de plus, semble-t-il, le mieux s'est trouvé l'ennemi du bien.

Si cette expérience, en quelque sorte spontanée, se voit, ou confirmée, ou contredite par des expériences nouvelles, il sera intéressant de comparer les unes et les autres et de chercher les conditions respectives de ces variations. — H. J.

Aux États-Unis, le pays des dollars, c'est par l'attrait de l'argent que certains patrons essaient de combattre l'alcoolisme chez leurs ouvriers.

Le milliardaire américain André Carnegie, « le roi de l'acier », paie à ses ouvriers une prime de 10 % de leur salaire, lorsqu'ils s'abstiennent d'alcool.

Interrogé sur ce point par un journaliste, M. Carnegie a répondu par la lettre suivante (Sept. 1902) :

A W. E. Johnson, Esq.
Editeur de *The New Voice*, Chicago.

Nos ouvriers ne sont pas obligés d'être abstinents complets, mais tous ceux qui le sont peuvent obtenir de ma part un don égalant dix pour cent de leur salaire, avec mes meilleurs souhaits, en me prouvant qu'ils ont été abstinents pendant l'année.

J'estime que les abstinents valent dix pour cent de plus que les non-abstinents, spécialement s'ils sont cochers, matelots de yacht ou ouvriers ayant charge de machines. En fait, je les préfère pour toutes les occupations.

Andrew Carnegie.

On le voit, en même temps qu'une bonne action, M. Carnegie fait une bonne affaire. Cela arrive plus souvent qu'on ne croit.

CHAPITRE XIV

DU TRAITEMENT DE L'ALCOOLOMANIE

Toutes ces mesures sont préventives : Que faire lorsque le mal est accompli? Nous ne parlerons pas des asiles pour alcooliques. Il est possible qu'ils soient utiles aux particuliers qui viennent s'y réfugier contre leur vice; mais ces institutions ne peuvent pas recevoir assez de monde pour pouvoir prétendre à une action sociale quelconque. Il faudrait pour cela imposer aux contribuables des sacrifices tout à fait disproportionnés avec le résultat à attendre. Ils sont donc en dehors de notre sujet, tant que la thérapeutique de l'alcoolisme ne sera pas transformée.

Elle l'est peut-être dès à présent. Le Dr Sapelier vient de publier, en collaboration avec le Dr Dromard, un livre dont le titre est à lui seul un programme : *l'Alcoolomanie (intoxication, alcoolique latente) son traitement par le sérum antiéthylique*[1].

Le but que poursuit M. Sapelier est le suivant :

Un certain nombre d'expérimentateurs ont trouvé que, comme les poisons microbiens, certains poisons non microbiens, d'origine animale, végétale ou minérale, surtout ceux auxquels l'organisme s'accou-

1. Paris, Doin, 1903.

tume facilement, développent dans le sang des substances antitoxiques qui, injectées avec le sérum dans un autre organisme, le mettent en état de plus grande résistance à l'égard des poisons correspondants (ricine, abrine, venin des serpents, morphine, potasse, etc.).

Il y avait lieu de chercher si l'alcool n'était pas un poison de ce genre. La réponse fut affirmative (Toulouse Maramaldi, Sapelier). L'immunité d'un organisme pour l'alcool, immunité relative, obtenue par l'administration de doses croissantes de poison, s'accompagne de la formation d'une substance ayant les caractères biologiques d'une antitoxine dans le sang de l'animal immunisé.

Si l'alcoolomane éprouve le besoin irrésistible de boire de l'alcool, c'est que ses cellules nerveuses ont été frappées dans leur vitalité par des doses croissantes d'alcool. Rendre à ses cellules nerveuses leur vitalité en leur fournissant un supplément d'antitoxine, tel est le but poursuivi.

M. Sapelier, pour préparer son sérum, commence par donner à un cheval le goût de l'alcool, ce qui n'est pas difficile; on lui donne d'abord matin et soir, une dose relativement faible, 200 grammes, qu'on augmente progressivement de jour en jour, jusqu'à 500 grammes, sans jamais d'ailleurs aller jusqu'à l'enivrer. En un mot on le traite comme se traite lui-même un buveur d'alcool qui se croit « modéré ».

On examine tous les deux jours quelques gouttes de son sang. Vers le dixième jour, ou un peu plus tard, on voit les globules rouges perdre la netteté de leur contour, puis ils cessent de s'empiler comme des pièces de monnaie pour s'amasser en placards dans lesquels ils paraissent agglutinés et accolés entre eux. En même temps les globules blancs augmentent très notablement de quantité, et les granulations graisseuses apparaissent et augmentent. A ce moment, le cheval est mûr : peut fournir le sérum antiéthylique.

On le saigne donc avec toutes les précautions antiseptiques. On commence par raser la région que l'on veut saigner; on met la veine à nu, et on la ponctionne à l'aide d'un trocart aseptique. « Le sang se déverse dans un flacon stérilisé à deux tubulures : l'une des tubulures répond au trocart par l'intermédiaire d'un tube stérilisé ; l'autre, fermée par un tampon d'ouate peu serrée et stérilisée avec ce flacon, donne issue à l'air au fur et à mesure de l'écoulement. » Dès que le caillot s'est formé, on recueille le sérum et on le met dans des flacons ampoules préalablement soumis à l'autoclave; ces flacons sont immédiatement fermés à la lampe. On le pasteurise ensuite, c'est-à-dire que les flacons doivent être maintenus après fermeture à une température de 56° pendant une heure, trois fois de suite et à deux jours d'intervalle.

M. Sapelier et son premier collaborateur M. Broca Soucellier ont d'abord expérimenté ce sérum sur des cochons d'Inde qu'on avait préalablement rendus alcoolomanes, par des doses croissantes d'alcool. Ces cobayes étant devenus très amateurs d'alcool, on leur injecta sous la peau, au moyen d'une seringue, le sérum antiéthylique préparé comme il a été dit. En quelques jours, ces animaux prirent l'alcool en aversion profonde. Ils n'étaient pas malades, car ils mangeaient avec avidité la nourriture non alcoolisée, mais ils préféraient mourir de faim et de soif plutôt que de toucher à tout ce qui contenait de l'alcool.

Les deux auteurs poursuivirent ensuite leurs essais sur l'homme avec plein succès. Leur sérum avait plus d'action que les prédications les plus éloquentes.

Le premier effet, souvent appréciable dès le lendemain de la première injection, est un goût désagréable de terre ou de peinture ou de savon : le marchand de vin est accusé de donner une consommation de mauvaise qualité. En même temps le désir d'alcool est moins impérieux. Au fur et à mesure que les injections se répètent, les effets s'accusent davantage : le facies devient plus clair, plus vivant, le regard redevient franc, les idées plus nettes, la parole plus aisée ; le sommeil revient et redevient calme ; les cauchemars disparaissent, en même temps l'appétit se rétablit. Puis, la boisson jadis préférée devient détestée ; l'odeur seule de l'alcool devient éminemment antipathique. Si néanmoins on persuade à l'ex-alcoolique de prendre un peu d'alcool, il arrive souvent qu'il le vomit, tant son dégoût est grand ; si ces vomissements ne surviennent pas et que l'alcool soit absorbé, il provoque une sensation d'ivresse alors que les doses dix ou quinze fois plus fortes étaient précédemment admirablement supportées. En un mot l'accoutumance à l'alcool a disparu ; elle est remplacée par le dégoût.

Telle est, aussi résumée que possible, la découverte de M. Sapelier.

La première pensée qui vient à cette lecture, c'est que M. Sapelier a eu affaire à un phénomène de suggestion. Il a persuadé à un alcoolique qu'il allait avoir le dégoût de l'alcool, et le dégoût annoncé est survenu, absolument comme lorsqu'on affirme à un hypnotisé qu'il a devant lui un lion, aussitôt l'hypnotisé voit le lion, entend ses rugissements et se sauve épouvanté.

M. Sapelier a prévu l'objection. Voici comment il y répond : « S'il en était ainsi, il faudrait admettre que les succès ne peuvent s'adresser qu'à des individus suggestionnables. Or c'est justement dans les échecs que se classent les hystériques et les suggestionnables... D'autre part, nombre de succès portent sur des sujets traités, sinon à leur insu, du moins sous un autre prétexte que celui de l'alcoolisme, sur des sujets ne sachant pas ce qu'on leur injecte, ni le but qu'on se propose en les injectant, sur des sujets, en un mot, ignorant la raison et la nature de leur traitement. Bien mieux, il est aisé pour un certain nombre de sujets de les persuader que le but à atteindre n'est point de les empêcher de boire, mais au contraire de leur permettre d'user impunément de la boisson, en les mettant à l'abri des conséquences immédiates et ultérieures de leurs excès. Ce n'est certes pas là une suggestion favorable au sérum. »

On aimerait à voir M. Sapelier préciser toutes ces assertions si curieuses, par des observations soigneusement détaillées; il ne les publie pas dans son livre qui ne contient que des généralités.

Le traitement que nous venons de décrire ne convient pas, d'après M. Sapelier, à tous les alcoolomanes. Naturellement le sérum ne guérit pas ceux qui ont déjà une lésion organique telle que l'athérome ou la cirrhose du foie. Toutes les psychoses, toutes les névroses, toutes les maladies de la nutrition sont des contre-indications à l'emploi du sérum.

Les insuccès sont fréquents chez les buveurs buvant exclusivement du vin. Le sérum convient au contraire aux buveurs d'eau-de-vie.

Au total, dans une première série de 57 observations, M. Sapelier et ses collaborateurs ont obtenu 41 succès ou améliorations, et 16 échecs.

M. Sapelier, s'étend longuement sur l'explication qu'il convient, d'après lui, de donner à sa découverte. Nous ne le suivrons pas dans ces considérations, si intéressantes qu'elles soient ; elles sortent trop du cadre de ce volume.

Si la découverte de M. Sapelier se confirme, elle pourra rendre de grands services aux alcoolomanes débutants, si toutefois ceux-ci consentent à se laisser soigner.

> Mais lorsque le malade aime sa maladie,
> Le moyen d'espérer que l'on y remédie !

M. Sapelier ne dit pas combien de temps se fait sentir le dégoût de l'alcool qu'il prétend inoculer à ses malades. S'il est durable, un jour viendra peut-être où on vaccinera les jeunes soldats contre l'alcool comme on les vaccine contre la variole.

CONCLUSIONS

En France, on n'a jamais fait d'efforts sérieux pour combattre l'alcoolisme. Mais l'expérience des pays étrangers nous a permis de juger le degré d'efficacité des lois qui ont cette prétention.

Le seul moyen législatif qui ait triomphé de l'alcoolisme est le système norvégien. Grâce à lui, ce pays, autrefois aussi alcoolique que son voisin le Danemark, est devenu le moindre consommateur de l'Europe.

Le même compliment s'adresse aux quatre pays qui ont adopté le principe paradoxal suivant : *il ne faut pas que le marchand d'alcool ait intérêt à vendre.*

En Suède comme en Norvège, l'action législative a été précédée d'un mouvement d'opinion publique sans lequel la loi n'aurait sans doute pas existé.

C'est pour provoquer le législateur indifférent ou endormi que les sociétés anti-alcooliques sont utiles. Prêcher les ivrognes est une œuvre ridicule, tant elle est inutile. Ce qu'elles doivent faire, c'est provoquer une indignation patriotique dans la masse du public. Leur rôle est aussi de suggérer au législateur les mesures qu'il doit prendre, et lui indiquer l'ordre dans lequel ces mesures doivent être prises.

Voici, par exemple, les conseils qu'elles pourraient lui donner en France.

Il serait puéril de chercher à monopoliser la vente au détail tant qu'existeront les innombrables petites distilleries qui mettent une bouteille d'eau-de-vie dans la blouse de chaque paysan. Il faut donc commencer par les supprimer. C'est par là que la Suède et la Norvège ont commencé, l'Angleterre (pour un autre but) et la Suisse en ont fait autant. Il faut faire de même.

Les petits alambics ne doivent plus exister. Il faudra donc racheter ceux qui existent, et interdire la fabrication, la vente et le transport de ces instruments de mort.

Que le paysan vende son marc ou son fruit à des distilleries régionales; qu'on les lui achète, pour l'amadouer, un prix exorbitant (on retrouvera, hélas! toujours l'argent), mais qu'il ne puisse plus distiller chez lui. Ce n'est pas seulement le privilège du bouilleur de cru qu'il faut supprimer, c'est le bouilleur de cru lui-même.

Les petites distilleries une fois supprimées, il devient facile d'établir le monopole de vente en gros de M. Alglave. Il n'aura pas pour effet de diminuer la consommation, mais de la rendre un peu moins nuisible, et beaucoup plus lucrative.

Mais toutes ces mesures ne sont que préparatoires. Comment arriver à établir en France les *Samtags* norvégiens.

Si équitable que soit la sentence de la Cour suprême des États-Unis, on admettra difficilement en France qu'elle reçoive l'application qu'elle a reçue en Russie. Nous ne sommes pour cela ni assez autoritaires, ni assez intelligemment démocrates.

Nous avons dit comment s'y sont pris les Scandinaves : le droit d'ouvrir un cabaret appartenait chez eux aux communes qui, au décès de chaque titulaire, mettaient la boutique en adjudication. D'un simple trait de plume on a substitué le *Samlag* à la commune.

En France, la loi de 1851 aurait permis quelque chose d'analogue. La loi stupide de 1880 rend la chose impossible.

Il faudra donc exproprier les cabaretiers, ou plutôt les faire exproprier par les *Samlags*, dont ce sera la première opération. Opération onéreuse! Mais l'alcool a bon dos, nous l'avons vu. La charge qu'il supporte en Angleterre est double de celle qu'il supporte en France, et il la porte allègrement. Aucun surcroît d'impôt n'en arrête la consommation, c'est un mal dont il faut savoir profiter, de façon que l'alcool guérisse par lui-même les ravages qu'il cause.

On ne fera ni cela ni autre chose. On ne fera rien. On ne prendra pas plus de mesure contre l'alcoolisme que contre l'abaissement de la natalité. Laissez faire! Laissez passer! Laissez tomber le bâtiment doublement avarié sans rien tenter pour le sauver. La formule est simple; elle est d'une application peu fatigante. Elle a beau être abandonnée de plus en plus par ceux même qui l'ont inventée, on la suivra: c'est la lâcheté érigée en doctrine.

La France périra donc pour ce double motif : *moindre nombre* des hommes, *moindre valeur* des hommes; comme le pays est beau et riche, et que les voisins en auront besoin, ils le prendront.

Le pis est que la France mourra déshonorée. L'histoire aura le droit de dire qu'elle sera morte de deux vices ignobles : le crime d'Onan et l'ivrognerie.

TABLE DES MATIÈRES

PREMIÈRE PARTIE

DEUXIÈME PARTIE

L'Alcool est un aliment vénéneux

TROISIÈME PARTIE

Résultats obtenus par les différentes mesures employées pour restreindre l'alcoolisme.

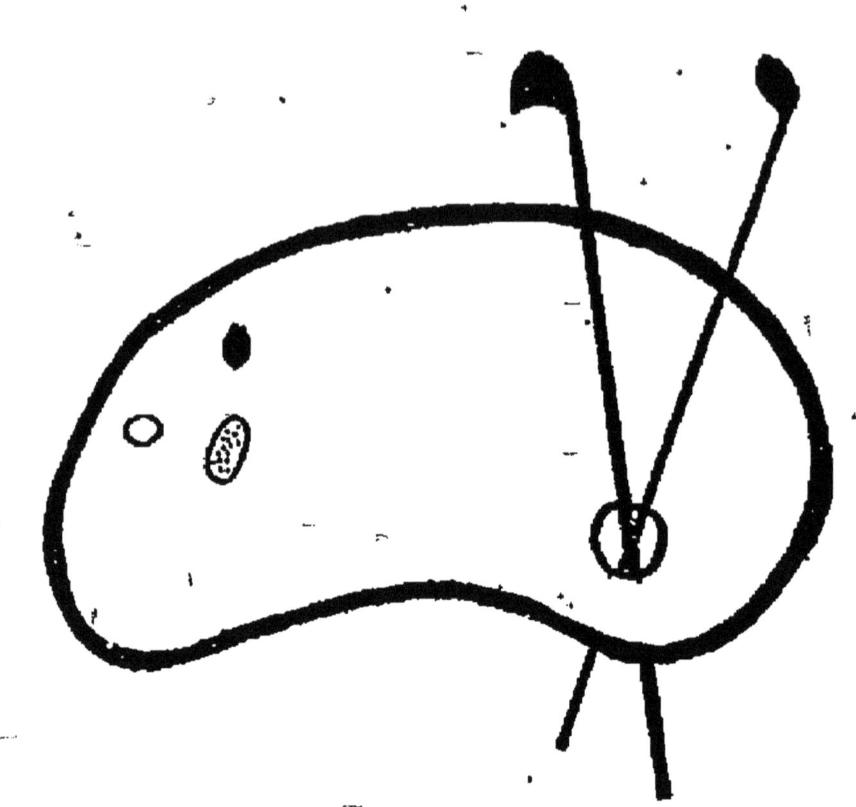

www.ingramcontent.com/pod-product-compliance
Ingram Content Group UK Ltd.
Pitfield, Milton Keynes, MK11 3LW, UK
UKHW012207240726
13966UKWH00002B/634